LIDERANÇA E PODER

CONTRACORRENTE

Aldo Fornazieri

LIDERANÇA E PODER

SÃO PAULO
2022

CONTRACORRENTE

Alameda Itu, 852 | 1º andar |
CEP 01421 002
www.loja-editoracontracorrente.com.br
contato@editoracontracorrente.com.br

EDITORES
Camila Almeida Janela Valim
Gustavo Marinho de Carvalho
Rafael Valim
Walfrido Warde
Silvio Almeida

EQUIPE EDITORIAL
COORDENAÇÃO DE PROJETO: Juliana Daglio
REVISÃO: Graziela Reis
PREPARAÇÃO DE TEXTO: Amanda Dorth
REVISÃO TÉCNICA: Douglas Magalhães
DIAGRAMAÇÃO: Pablo Madeira
CAPA: Gustavo André

EQUIPE DE APOIO
Fabiana Celli
Carla Vasconcelos
Fernando Pereira
Valéria Pucci
Regina Gomes
Nathalia Oliveira

Dados Internacionais de Catalogação na Publicação (CIP)
(Câmara Brasileira do Livro, SP, Brasil)

Fornazieri, Aldo
Liderança e poder / Aldo Fornazieri. --
São Paulo, SP : Editora Contracorrente, 2022.

ISBN 978-65-5396-007-7

1. Liderança política 2. Liderança política - Brasil 3. Machiavelli, Niccoló, 1469-1527. O Príncipe - Crítica e interpretação 4. Política - Brasil - História I. Título.

22-105163 CDD-320.981

Índices para catálogo sistemático:
1. Brasil : Liderança e poder : Ciência política 320.981
Eliete Marques da Silva - Bibliotecária - CRB-8/9380

@editoracontracorrente
Editora Contracorrente
@ContraEditora

SUMÁRIO

APRESENTAÇÃO

Liderança e poder consiste numa leitura orientada de *O Príncipe* de Maquiavel a partir de um ângulo de mirada da política brasileira do final de século XX e das duas primeiras décadas do século XXI. Desta forma, não se trata de uma interpretação canônica dos textos do escritor florentino, nem de uma abordagem exegética. Pelo contrário, trata-se de uma leitura heterodoxa, interessada, normativa, que promove várias violações e deslizamentos dos conceitos e do pensamento original, contidos em *O Príncipe*. Muitos elementos dessa leitura surgiram em sala de aula, em diálogo com as alunas e os alunos da Escola de Sociologia e Política (FESPSP).

O motivo desta abordagem se justifica pelo fato de que esta leitura singular pretende ser útil à política brasileira. Não que as outras interpretações não sejam. O que se quer dizer é que esta leitura tem como pano de fundo os problemas recorrentes da política brasileira – suas crises. Não se encontrará nessa leitura, contudo, um cotejamento explícito do pensamento de Maquiavel com eventos e fatos históricos da nossa política. O cotejamento será sempre implícito. O leitor atento encontrará várias formulações que poderiam servir para auxiliar a política brasileira a sair dos seus recorrentes impasses, das suas intermináveis crises e de sua incapacidade de oferecer uma perspectiva esperançosa para o futuro do Brasil e de seu povo.

Procurou-se também não cotejar ou confrontar a presente interpretação com as várias e excelentes intepretações do pensamento de Maquiavel patrocinadas por escritores brasileiros e estrangeiros. Se isto fosse feito, fugiria ao objetivo deste livro, pois a leitura ficaria impregnada por aquelas intepretações, enquanto o que se pretende fazer aqui é que ela seja contaminada, preferencialmente, pelos descaminhos e pelo sentido trágico da política brasileira. Desta forma, com uma ou outra exceção, quase não há remissões aos intérpretes de Maquiavel. Estas exceções aparecem porque se considerou importante referi-las para os objetivos do texto.

O presente texto advoga a necessidade da adoção de uma política *maquiaveliana*, o que denota o caráter interessado dessa leitura. Claro está que há o pressuposto de que a política brasileira não é *maquiaveliana*. Ou seja, ela não é praticada e nem pensada a partir dos conceitos constitutivos e pela cosmovisão contidos na teoria política de Maquiavel. Entende-se que *O Príncipe* de Maquiavel, na sua essência, expressa uma teoria da inovação política para enfrentar momentos críticos, momentos de crise prolongada. A inovação só ocorre se ela for comandada por líderes de *virtù*.

A partir deste entendimento se pressupõe que o grande mal da política brasileira está no fato de que não existe uma estratégia de mudança e de inovação e não existem líderes de *virtù*, capazes de concebê-la e de efetuá-la praticamente. Foram raros os líderes políticos autenticamente populares. Líderes fracos, incapazes de promover mudanças inovadoras, são uma das principais marcas da nossa história política. A rigor, não é só na política que há uma carência de líderes. No campo dos movimentos sociais, assim como no segmento empresarial, há uma escassez de lideranças fortes e competentes. Neste momento, a ausência de líderes políticos autênticos e fortes chega a ser exasperante.

A pandemia do coronavírus revelou ao mundo a falta de líderes capazes de estabelecer uma coordenação global, uma governança, visando enfrentá-la em âmbito planetário. Não ocorreu nenhuma reunião de líderes mundiais com o objetivo de estabelecer uma ação de conjunto com o objetivo de atenuar os seus efeitos e buscar saídas eficientes e conjuntas para todos os países. No plano interno do Brasil, Bolsonaro revelou-se um presidente incapaz, adotando políticas que levaram à morte de milhares de pessoas e adiaram soluções.

O apelo ao auxílio do pensamento de Maquiavel para solucionar os males da política brasileira não chega a ser novidade, mas é raridade. Um dos primeiros a fazê-lo, senão o primeiro, foi o escritor Octavio de Faria ao publicar o livro "*Machiavel e o Brasil*", em 1931. Em face dos impasses da crise dos anos de 1930, Octavio afirmava que "o Brasil precisa da doutrina política de Machiavel... o Brasil precisa de Machiavel".[1]

Maquiavel foi um grande ausente na política brasileira, na língua portuguesa e até no sistema de ensino. Criterioso estudo organizado por Sandra Bagno e Rodrigo Bentes Monteiro[2] informa que a primeira publicação de *O Príncipe* no Brasil apareceu somente em 1933, no Rio de Janeiro. Em 1935, aparece a primeira publicação em Portugal, levada a cabo em Coimbra. O pensamento de Maquiavel vinha sendo, através dos tempos, não só hostilizado, estigmatizado e demonizado, mas também perseguido.

Ainda no século XVI, *O Príncipe* havia sido incluído no *Index Librorum Prohibitorum*, tanto pela Santa Inquisição romana, quanto portuguesa. Sandra Bagno e Bentes Monteiro, contudo, ressalvam que apesar das proibições e do atraso das publicações dos escritos de Maquiavel em Portugal e no Brasil é possível dizer, através de rastreamentos, que conceitos e ideias do pensador

---

1 FARIA, Octavio de. *Machiavel e o Brasil*. Rio de Janeiro: Civilização Brasileira S. A, 1933, p. 12.

2 MONTEIRO, Rodrigo Bentes; BAGNO, Sandra. *Maquiavel no Brasil*: dos descobrimentos ao século XXI. São Paulo: FGV, Companhia das Letras, FAPRJ, 2015.

florentino apareciam, de forma camuflada, em escritores e políticos de língua portuguesa desde o século XVI. *O Príncipe*, publicado em outras línguas, frequentava também bibliotecas privadas de escritores e algumas bibliotecas públicas. De qualquer forma é lícito afirmar que a ausência de Maquiavel no pensamento e na prática política do Brasil provocou prejuízos incalculáveis.

Octavio de Faria foi uma exceção ao invocar o auxílio de Maquiavel para enfrentar os desafios da política brasileira. Em regra, o escritor florentino foi entrando em círculos políticos e acadêmicos estreitos sob a égide do estigma. Mais tarde, em 1961, Affonso Henriques dedica um livro a Getúlio Vargas com o título "Vargas, o maquiavélico". A conotação negativa do termo "maquiavélico" é indisfarçável. Com o objetivo de atacar Getúlio, procura-se associar as suas ações políticas a uma suposta maldade que existiria nos textos de Maquiavel. Trata-se de uma impostura, pois Henriques sequer explicita a suposta relação entre as ações do presidente brasileiro com conceitos e teorias do escritor florentino.

Seria um trabalho de longo fôlego mostrar que os conceitos e as teorias de Maquiavel estiveram ausentes ao longo da história política brasileira. Não houve apenas uma ausência, mas a prática de uma política antimaquiaveliana. É espantoso observar como os acontecimentos das duas primeiras décadas do século XXI assumiram caminhos dolorosos e sacrificantes para o povo num momento em que parecia haver esperança. Não há nada mais anti-Maquiavel do que governar mal, do que governar contra o povo.

Para Maquiavel, um Estado mal fundado, especialmente uma república, passará décadas, quiçá séculos, procurando encontrar um caminho para o futuro, principalmente com a criação, em profusão, de novas leis. Este é um caminho para continuar extraviado. Não resta dúvida de que o Brasil foi mal fundado nos seus dois momentos cruciais de fundação: a Independência e a Proclamação da República. A Independência foi liderada por pessoas ligadas à coroa portuguesa e proclamada pelo filho do monarca que colonizava o Brasil. Não houve um ajuste de contas com os dominadores, uma guerra, um ato de terror fundante que expurgasse, pelo fio da espada ou pela deportação, os representantes da dominação e da exploração.

A Proclamação da República teve o mesmo sentido continuísta da Independência. Ela foi proclamada por um marechal monarquista adoentado, posto sobre um cavalo, para liderar uma exótica marcha militar. A República veio sem povo, sem armas e sem terra. No dizer de Aristides Lobo, o povo assistiu o seu nascimento "bestializado". Bestializado o povo continuou ao longo do tempo, excluído de um papel mais ativo nas definições dos rumos do país. Bestializado o povo continua até hoje. Foram raros os momentos em que o povo exerceu um papel ativo, constituinte. Aliás, o poder no Brasil nunca teve a legitimidade popular. Nunca nasceu da fonte genuína da soberania, pois o povo nunca se manifestou sobre nenhuma Constituição.

Para se libertar da dominação, da espoliação e da opressão, os povos precisam de líderes virtuosos e corajosos que os conduzam. Maquiavel viu, no seu tempo, em César Borgia, alguém que talvez tivesse a capacidade de libertar uma Itália invadida, espoliada, dominada. Borgia, contudo, foi apenas um lampejo desse líder singular, com capacidades demiúrgicas. Terminou fracassando por ter cometido alguns erros graves e por ter sofrido "duros reveses da *fortuna*".

No caso do Brasil do nosso tempo, Lula foi mais que um lampejo. Foi uma labareda, uma fogueira. Mas quase tudo se consumiu nas próprias chamas e o povo continua sendo espoliado, oprimido. Virtudes, o Lula, no governo, certamente teve várias. Mas cometeu vários erros. Um deles consistiu em escolher Dilma Rousseff como sucessora. Dilma, mulher de muitas virtudes, corajosa, honesta e competente, não tinha liderança política e isto já era um forte indicativo de problemas que viriam com a presidência. O próprio Lula afirmou em entrevista que a escolheu por sua competência técnica, principalmente no gerenciamento do Programa de Aceleração do Crescimento (PAC). Como se verá, há importantes diferenças entre as virtudes necessárias à liderança política em relação às competências técnicas e gerenciais.

Dilma foi uma presidente honesta, e as acusações contra Lula foram anuladas pela parcialidade do ex-juiz Sergio Moro e pelas manipulações da Lava Jato. Mas os governos petistas não podem ser isentos da corrupção de princípios, da corrupção em várias áreas administrativas, da corrupção de partidos, das inabilidades para lidar com as crises, da ingenuidade na política de alianças e no trato com aliados traidores, da lerdeza e da incapacidade de reagir contra os inimigos que queriam e tomaram o poder, da falta de organização popular, da falta de reformas de sentido refundante. Esses foram erros que se acumularam e interditaram o caminho para que Lula e o PT encarnassem o moderno príncipe, a liderança de mudanças estruturais, a criação da inovação e da nova ordem.

Esses erros todos, em boa medida, foram responsáveis pela ascensão de Bolsonaro, líder de um governo autoritário, contrário à liberdade, à democracia, ao Estado de Direito e à Constituição. Líder de um governo que mostrou um descaso revoltante com a tragédia da pandemia, que vilipendiou os mortos e agrediu a dor de seus familiares. Líder de um governo que patrocinou a agressão ao meio ambiente, um dos principais problemas do nosso tempo.

Como se verá no texto, os governantes deveriam emergir de lideranças fortes e autenticamente populares. Deveriam ter força própria e capacidade persuasiva para ter êxito. Governantes que não têm força própria não têm autonomia para decidir e governar. Os governantes não podem ser negligentes em relação aos ataques dos inimigos e precisam estar sempre em prontidão para se defender e para atacar. Precisam estar sempre junto ao povo, pois este é sua maior fortaleza. Os governantes brasileiros, no entanto, estão mais nos gabinetes e palácios, distantes do povo.

A prudência é a cardeal virtude que o líder e o governante precisam ter. Eles precisam antever e se antecipar em relação ao futuro, evitando o advento dos males. Nos tempos de crise, a liderança não pode agir como se os tempos fossem normais. Nesses tempos, é preciso adotar medidas excepcionais de comando, reforçando suas linhas de defesa, adotando barreiras e definindo ataques para conter a crise e se defender. A rigor, isto sempre esteve ausente nas crises políticas brasileiras. Geralmente, nesses momentos críticos, os líderes brasileiros recuam, ficam entrincheirados em posições defensivas e terminam abandonados pelo povo.

Os líderes políticos brasileiros são fracos e não têm forças próprias. São raras as exceções. Com isso, no governo, dependem de forças auxiliares ou de forças mercenárias para governar. Sem autonomia, ou perdem o poder ou fazem enormes concessões aos aliados e terminam em governos fracassados.

No Brasil, em regra, as tentativas de reforma, de mudança, de inovação, fracassaram ou ficaram pela metade. Como já notara Raymundo Faoro em *Os Donos do Poder*, as mudanças são conservadoras, mantêm as elites dominantes no poder. Os vícios, os malefícios e a corrupção sempre se repõem com novas roupagens. Isto aprisiona o Estado a crises intermitentes. Na verdade, há uma crise permanente. O Estado sempre foi apropriado por grupos particulares e quase não tem a dimensão universalizante a serviço do bem-estar do povo. A falta de líderes virtuosos, com forças próprias e com grande capacidade de comando, mantém o país numa trágica normalidade, com o povo pobre, com injustiças de toda ordem, com privilégios criminosos, com a predação da natureza e da sociedade.

Em uma frase: o fracasso é a marca da política brasileira. Aqui, à semelhança da Itália no tempo de Maquiavel, os céus não chovem o maná, o mar não se abre e o povo não tem quem o conduza à Terra Prometida. Os raros lampejos temporários de virtude se apagam na noite prolongada em que vivemos. Por isso, o apelo a Maquiavel. Em *O Príncipe* ele fornece uma teoria da liderança, que é ao mesmo tempo uma teoria da ação política e uma teoria da inovação. Que os seus escritos e que as várias intepretações que ele já tem no Brasil possam iluminar um ou alguns líderes de *virtù* e que eles sejam capazes de perceber a ocasião que a realidade brasileira lhes oferece. E que eles tenham a coragem e a ousadia de liderar, de comandar o povo, de mobilizar as multidões, desencadeando as energias demiúrgicas aptas a promover a inovação das nossas instituições políticas com todos os ajustes de conta que ela implica.

INTRODUÇÃO

O que é a política

A atividade e as instituições políticas se assentam sobre os conflitos humanos. Os conflitos humanos derivam da pluralidade dos seres humanos e da multiplicidade de seus desejos, necessidades, sentimentos, ambições. Os seres humanos são dotados de uma ilimitada capacidade de imaginar e de desejar. Estas condicionalidades todas, que se interdeterminam, fomentam conflitos materiais, culturais, civilizacionais, ideológicos, sociais etc., porque elas proporcionam e potencializam uma enorme diversidade de racionalizações, de sentimentos e sensações, de formas de ver a realidade e o mundo, de formas de conceber o futuro. Se é plausível admitir que a natureza humana é a mesma, é incontestável que a manifestação de suas potências e capacidades ocorre de incontáveis maneiras e formas, condicionadas pela formação, pelo meio, pelo caráter moral, pelas condições materiais, pelas necessidades, pelos interesses, pelos sentimentos, pela cultura, pelos hábitos, pelas formas (concepções) de ver o mundo, pelas ambições e pelas paixões dos indivíduos e das sociedades. Em suma, as potências e capacidades humanas sofrem determinações dos processos históricos.

Os conflitos humanos são equacionados, superados, resolvidos ou repostos, principalmente, por quatro tipos de atividades: pela violência, pela força, pela persuasão (convencimento e negociação) e pelas leis e instituições. A noção de "leis e instituições" aqui precisa ser entendida num sentido amplo: leis morais, religiosas, culturais (hábitos e costumes), civis e jurídicas. A política foi surgindo processualmente quando o sistema de mediações dos conflitos foi sendo depurado das determinações míticas e religiosas passando para determinações racionais, quando as comunidades humanas passaram a entender que as instituições e leis mediadoras dos conflitos eram criações humanas. Claro, houve e, de certa forma, ainda há, um longo convívio entre as determinações mítico-religiosas e as determinações racionais, jurídicas e institucionais na definição dos sistemas de mediação dos conflitos.

Os sistemas de mediações legais/institucionais ao se interporem aos conflitos buscaram atenuar ou eliminar a violência, estabelecer formas pacíficas de convívio, garantir a segurança interna e externa à comunidade organizada, garantir o domínio de um indivíduo ou grupo sobre a comunidade, organizar as formas e meios de governo, atingir determinados interesses e determinados fins. Quando os interesses e os fins adquirem um sentido comum, universalizante, começa-se a passar de uma ordem particularista ou patrimonialista a uma ordem pública política.

As ordens legais/institucionais buscaram reduzir a violência e a força privadas, erigindo, ao longo dos tempos, o monopólio do seu uso. Em que pese a busca desse fim – a redução da violência privada – a violência, mesmo atenuada, continuou persistindo em graus variados nas diferentes comunidades e sociedades. Nas relações internas e externas entre grupos, comunidades, cidades, sociedades e Estados, a violência também continuou a persistir e até a recrudescer no tempo e nos diferentes contextos geográficos e históricos.

Na medida em que a violência passou a ser instrumentalizada ou monopolizada pelas ordens políticas, ela passou a adquirir também uma dimensão política. Se a violência era e é natural, ela passou a ser também política sem que sua dimensão natural fosse superada. Aqui, faz sentido a afirmação de Clausewitz de que a guerra é a continuidade da política por outros meios. Mas faz sentido também a afirmação inversa: a política é a continuidade da guerra por outros meios ou é uma guerra sem derramamento de sangue, como afirmou Mao Tse-Tung. Esta segunda assertiva tem dois vértices: 1) as ordens políticas surgiram para atenuar ou bloquear a violência privada, a violência dos indivíduos, das famílias e dos grupos. Neste sentido, a política é sucessora temporal e lógica da guerra; 2) a política é uma forma de combate, um conflito, sem derramamento de sangue, no sentido da afirmação do líder chinês.

Garantir a segurança e a sobrevivência foi a primeira determinação do surgimento dos ordenamentos políticos nas cidades e nas democracias de assembleias no mundo antigo. A garantia dos direitos universais dos seres humanos, a Justiça e a Paz é o ponto de chegada, o pináculo, o fim último da justificação da existência dos ordenamentos políticos ou da existência de sociedades politicamente organizadas.

***

Como se sabe, a palavra *política* se origina, por derivação, da ideia de *polis* (cidade) e de *polites* (cidadão). Viver na *polis* constituía o viver político, a politicidade do homem, numa dimensão em que o cidadão e a cidade eram partes inseparáveis e que a própria natureza do homem, ao menos para Aristóteles (383 a.C. a 322 a.C.), era política, traduzida na noção de *zoon politikon*. Há toda uma controvérsia em torno da ideia de que o homem é político por natureza. Antes de pontuá-la cabe lembrar que para os pensadores gregos a noção de homem político abarcava, de forma subentendida, também a noção de homem como um ser social, na medida em que esta palavra só veio a surgir com os latinos. A politicidade do ser humano implicava também a sua sociabilidade. São Thomas de Aquino viria a traduzir o conceito de *zoon politikon* pelo agregado de homem como "animal político e social".

A organização política, a organização da *polis*, embora emerja da organização familiar (a reunião de várias famílias que forma a aldeia e a reunião de aldeias que formam a cidade, segundo Aristóteles), não se confunde e nem tem uma natureza da organização familiar. *Oikos* e *polis* não se confundem e o viver numa e noutra importa atividades, objetivos e fins diferentes. Enquanto a vida no *oikos* remete à vida íntima, recôndita e particular, a *polis* remete à vida pública, à vida em comum. O viver público e comum mediado pela razão e orientado para fins concernentes à *polis* (ou ao Estado no mundo moderno) é o que caracteriza e distingue o viver político. Mas, de alguma forma, o *oikos* e a *polis* se relacionavam e Aristóteles, em *Política*, já projetava uma influência da economia doméstica sobre a vida política, assim como admitia possível regulação da materialidade (economia) da vida humana por leis políticas. As reformas de Sólon (638 a.C. a 558 a.C.) em Atenas projetavam, precisamente, ordenações políticas sobre a vida e as relações materiais – aquilo que veio a ser designado como economia.

Hannah Arendt, em *A Condição Humana*, expressa o entendimento de que para os gregos, incluindo Aristóteles, "a capacidade humana de organização política não apenas difere, mas é diretamente oposta a essa associação natural cujo centro é constituído pela casa (*oikía*) e pela família".[3] Com suporte em Fustel de Coulanges ela sustenta que o surgimento da cidade proporciona o aparecimento do *bios politikos* dos humanos, que está para além da sua vida associativa natural definida na família gentílica. O homem grego não seria um *bios politikos* desde sempre, mas teria recebido essa segunda natureza a partir do aparecimento da cidade-Estado. Nesse sentido, Arendt não identifica em Aristóteles a noção de que o homem seria naturalmente político e que a politicidade seria uma dimensão natural dos humanos. Diz:

---

3 ARENDT, Hannah. *A condição humana*. Rio de Janeiro: Forense-Universitária, 1983, p. 33.

> De todas as atividades necessárias e presentes nas comunidades humanas, somente duas eram consideradas políticas e constituintes do que Aristóteles chamava de *bios politikos*: a ação (*praxis*) e o discurso (*lexis*), dos quais surge a esfera dos negócios humanos (*taton anthropon pragmata*, como chamava Platão), e exclui tudo o que seja apenas necessário ou útil.[4]

O problema da interpretação de Arendt acerca do pensamento grego, particularmente do pensamento aristotélico, reside na separação radical entre o *zoon politikon*, a vida na *polis*, em relação à vida doméstica e familiar:

> A definição aristotélica do homem como *zoon politikon* não era apenas alheia e até mesmo oposta à associação natural da vida no lar; para entendê-la inteiramente precisamos acrescentar-lhe a segunda famosa definição do homem como *zoon logon ekhon* ("um ser dotado de fala").[5]

Aqui são necessárias duas observações: 1) para Aristóteles a *polis* era produto da transformação histórica das associações naturais dos homens, radicadas na família e na aldeia e, 2) a *polis* tinha duas finalidades principais: a) atender as necessidades da vida e, b) a busca da vida boa, da vida feliz. Assim, a *polis* se origina nas necessidades da vida, que são naturais, e seu fim é a transcendência dessas necessidades buscando a vida boa, a vida feliz, que só se realiza na vida comunitária. Mas a transcendência não anula e nem elimina a imanência. A vida feliz só é possível se as necessidades da vida forem atendidas de forma satisfatória, o que implica a presença da justiça. A *polis* não se cinde e não se

---

4 ARENDT, Hannah. *A condição humana*. Rio de Janeiro: Forense-Universitária, 1983, p. 34.

5 ARENDT, Hannah. *A condição humana*. Rio de Janeiro: Forense-Universitária, 1983, p. 36.

separa da economia doméstica. Pelo contrário, ela se assenta e se sustenta sobre a economia doméstica. A separação irredutível entre o natural e o político não existe em Aristóteles, assim como não há uma separação absoluta entre a vida e a economia familiares com a vida política na Assembleia.

Outro equívoco de Hannah Arendt, em *A Condição Humana*, consiste em tentar atribuir ao pensamento político grego a separação entre violência e política. Para chegar a esta conclusão, ela estabelece que a essência da política consiste no discurso e na ação, como dois conceitos "coevos e coiguais". Os gregos entendiam, segundo a autora, que quase todas as ações políticas, deveriam permanecer fora da esfera da violência. A vida na *polis*, a vida política, seria, fundamentalmente, mediada pelo discurso, pela capacidade de um persuadir o outro:

> O ser político, o viver numa *polis* significa que tudo era decidido mediante palavras e persuasão, e não através da força e da violência. Para os gregos, forçar alguém mediante a violência, ordenar ao invés de persuadir, eram modos pré-políticos de lidar com as pessoas, típicos da vida fora da *polis*, característicos do lar e da vida em família, na qual o chefe da casa imperava com poderes incontestes e despóticos, ou da vida dos impérios bárbaros da Ásia, cujo despotismo era frequentemente comparado à organização doméstica.[6]

A história mostra que a política é filha da violência, filha da deusa Bia, que, na sua infância, procura conter e limitar as ações desmedidas de sua genitora, mas que, com o tempo, ela mesma, a filha, se torna violenta sem deixar de tentar limitar essas características de sua mãe. Tome-se o caso de Atenas, a mais eloquente experiência política entre as cidades gregas. O primeiro estatuto

---

6 ARENDT, Hannah. *A condição humana*. Rio de Janeiro: Forense-Universitária, 1983, pp. 34/35.

legal e civil com que a cidade foi dotada – as reformas de Sólon – nasceu da violência praticada pela aristocracia contra os camponeses, que se tornavam servos para saldar dívidas.

Antes de Sólon, Atenas tinha sido dotada de leis duríssimas, que previam a pena de morte generalizada, instituídas pelo arconte Drácon, justamente para tentar coibir a violência. A partir das discussões na Assembleia suscitavam-se revoluções violentas e a própria violência, no caso a guerra, contra outras cidades gregas era decidida na Assembleia de forma discursiva, onde uns tentavam convencer os outros acerca da necessidade do seu uso. A guerra era decidida pela deliberação discursiva. A democracia surge dos conflitos violentos que, primeiro, levaram à tirania de Pisístrato e, depois, aos conflitos entre as facções aristocráticas opondo Iságoras (século VI a.C.) e Clístenes (565 a.C. a 492 a.C.).

A leitura da *Política* e da *Ética a Nicômaco* de Aristóteles não permite estabelecer que há uma oposição incompatível entre violência e política. No livro IV da *Política*, por exemplo, é possível ler que a existência de soldados armados constitui parte de uma cidade. No livro XIV ele destaca que o objetivo da preparação militar consiste em evitar que os povos sejam escravizados por outros. Aristóteles definitivamente não é um belicista, mas entende que existem guerras justas que são, fundamentalmente, guerras defensivas, guerras que evitam a perda da liberdade. Na *Ética a Nicômaco,* ele enfatiza que a coragem e a bravura são virtudes do soldado-cidadão, qualificado para defender a sua pátria.

Toda história posterior ao mundo grego mostrou que política e violência andam juntas e que até onde se pode olhar, no futuro não se pode ver uma separação. O que se conclui é que nem todas as ações políticas importam violência e nem toda violência é política. Mas, irrefutavelmente, existe a violência política e existe a política que faz uso da violência.

A política, desde as suas origens gregas, foi assumindo, ao longo do tempo, três acepções gerais: 1) a de saber/conhecimento;

2) a de arte/técnica e, 3) a de ação. Sócrates (470 a.C. a 399 a.C.) e Platão (428 a.C. a 347 a.C.) a enquadram nas duas primeiras acepções. Na República, Platão estabelece a exigência de que o Filósofo-rei seja uma pessoa possuidora de aprofundado conhecimento para poder governar. Sócrates e Platão (428 a.C. a 347 a.C.), principalmente o Platão da *República*, a concebem como um saber/conhecimento, com a exigência de que o governante seja o mais preparado, que detenha um conhecimento profundo e verdadeiro, que conheça a *polis* tal como o piloto conhece as cartas náuticas e as rotas marítimas. Dentro desta acepção se pode colocar a política entendida como Filosofia Política, como teoria, como Ciência política, abrangendo desde o estudo das organizações humanas, o poder, as instituições, a Constituição e o Estado. Aristóteles não fica de fora dessa acepção. Praticamente toda a Filosofia Política, desde os antigos até os modernos, se situa dentro dessa concepção acerca de uma das dimensões do que seja a política.

A política como arte/técnica que aparece tanto em o *Político*, de Platão, quanto em a *Política*, de Aristóteles, renova-se com Maquiavel e se estende até nossos dias. Nessa acepção trata-se de abordar a natureza, as funções, a organização, as instituições e a divisão da organização estatal e constitucional. Mas, para muitos autores, com destaque novamente para Maquiavel, a arte da política diz respeito também às qualidades do governante em conduzir o Estado. Quando Plantão discorre sobre as habilidades que deve ter o tecelão real, em o *Político*, também está se referindo às qualidades do governante. Nesse sentido, a política designa a ideia de arte ou ciência do governo. Ou seja: a boa condução da cidade ou do Estado e a boa condução dos seres humanos em sociedade ou comunidade política.

Para Sócrates e Platão, somente indivíduos extremamente preparados por anos de estudo – os filósofos-reis – teriam o domínio dessa arte. Nas democracias antigas, os cidadãos, reunidos em assembleias, também poderiam conduzir a cidade. Isto, contudo, não prescindia a exigência da existência de magistrados para ocupar cargos específicos da cidade organizada politicamente. Nas repúblicas antigas, particularmente na República Romana, o poder era compartilhado entre diferentes setores: cônsules, senado e tribunos do povo. Já as repúblicas do final da Idade Média confiavam o poder a alguns magistrados, a um conselho ou a um mandatário e a um conselho de forma partilhada. Nas repúblicas democráticas modernas serão os representantes eleitos aqueles destinados a exercer a arte de governar. Se na primeira acepção, a política como ciência proporciona o conhecimento sobre o Estado, como arte ela trata dos meios e fins do governo e das capacidades e virtudes do governante. *O Príncipe*, de Maquiavel, incide particularmente sobre este último aspecto.

A terceira acepção, a política como ação, diz respeito, propriamente, ao agir político implicado nas modalidades do discurso e da ação, enfatizados por Hannah Arendt. Esta acepção estava presente no mundo grego, particularmente em Aristóteles, e está presente em Maquiavel. Aqui há, inescapavelmente, uma interação interindividual e intersubjetiva, onde estão implicadas relações psicológicas e o exercício do poder político exercido por indivíduos na sua relação com outros indivíduos, com grupos, com classes, com massas e com multidões. As ações partidárias e as relações diretas dos representantes e dos governantes com os governados também estão inseridas aqui, assim como a comunicação política. Trata-se da prática política, na qual entram em jogo o discurso, a persuasão, a astúcia, o ardil, a simulação, a dissimulação, a cautela, a ousadia, a prudência etc.

O uso da força e da violência, assim como a guerra, também podem ser inseridas no contexto da ação política, bem como na arte e técnica. A força não é necessariamente violência, mas é uma condição de disponibilidade para a prática da violência. A força é meio persuasiva e dissuasiva. A força, funcionando como ameaça, se bem usada pelo líder ou pelo governante, é uma função de exercício de poder, pois tem capacidade de orientar as escolhas dos subordinados e dos adversários e inimigos, seja pela evidência de sua efetividade, seja pela ameaça em si, desde que seja crível e factível.

Há que se enfatizar que na política aplicada, essas três dimensões da política – conhecimento, arte, e técnica – não são excludentes. De modo geral, são interdependentes. O agente político não pode prescindir do conhecimento político e da história política, do domínio da arte de dirigir e governar e do manejo dos meios técnicos para alcançar êxitos. Tanto em *O Príncipe*, quanto em *Os Discursos sobre a Primeira Década de Tito Lívio (Discorsi)*, essa exigência de uma ação orientada pelo conhecimento político, principalmente o conhecimento da história política, é enfatizada por Maquiavel.

O âmbito em que a teoria política mais se aproxima da ciência são os estudos quantitativos e qualitativos, as pesquisas, a partir das quais o líder, o partido e o governante podem extrair diretrizes e táticas de ação para alcançar seus objetivos. Agir com base em conhecimentos é uma condição de êxito e uma atitude de prudência do líder. Numa síntese que está presente em vários pensadores da política e da Filosofia Política pode-se ficar com a definição restritiva do conceito proposta por Weber: "por política entenderemos, consequentemente, o conjunto de esforços com vistas a participar do poder ou influenciar na divisão do poder, seja entre Estados, seja no interior de um único Estado".[7]

O poder

Quem exerce a atividade política busca o poder. O poder do Estado é o maior dos poderes na face da Terra – o deus mortal que está abaixo apenas do Deus imortal, dirá Hobbes. Mas, de onde vem esse poder? É algo natural aos seres humanos, argumenta Maquiavel. Natural, no sentido de que é inerente à natureza humana e sua capacidade desejante. Os seres humanos desejam poder, querem fazer valer suas vontades sobre os outros e querem

---

7 WEBER, Max. *Ciência e política*: duas vocações. São Paulo: Cultrix, 2013, p. 67.

que os outros ajam de acordo com suas vontades. Estes desejos e as ações que desencadeiam são algumas das causas mais potentes dos conflitos humanos. Os desejos articulam paixões opostas tanto dentro de cada indivíduo, quanto entre os indivíduos. Assim, os seres humanos propendem mais para o egoísmo e este dirige os desejos para direções competitivas e conflitivas.

Em sendo uma disposição que emerge dos desejos, o poder irá incidir sobre a natureza humana conflitiva, sobre as diferenças materiais que suscitam divisões na sociedade e sobre praticamente todas as relações entre sujeitos, sejam elas pacíficas e cordatas, conflitivas ou belicosas. Para exercer o poder, as pessoas usam meios para mediar suas relações. Os meios são múltiplos, de diversas ordens. Eles devem ser escolhidos de acordo com as circunstâncias e de acordo com os fins.

Maquiavel ensina que dada a multiplicidade de desejos, de interesses, de paixões e de conflitos, a função principal do poder político consiste em imprimir direção e sentido às coisas humanas, ao curso do mundo, pois este é dominado pela contingência. Não se consegue fazer isto sem controlar a contingência, sem afrontar e dominar a *fortuna*, sem reduzir a imprevisibilidade, sem gerar coerências, sem coordenar as ações de muitos. Para ele, saber exercer o poder implica em ter qualidades morais para manejar os meios e dispor de meios para alcançar fins. Não há como formar poder e, consequentemente, não há como exercê-lo se o líder não dispor de meios para formá-lo. Os meios são de diversas ordens e de diversas naturezas. Podem ser dons, qualidades e virtudes pessoais como coragem, prudência, capacidade persuasiva, eloquência etc.; podem ser instituições, leis, funcionários e exércitos; ou podem ser coisas materiais como dinheiro, riqueza, empresas e assim por diante.

Em se tratando de poder político ou militar, para Maquiavel não há meio mais excepcional de sua formação do que a disponibilidade de força, que pode ou não se traduzir em violência. A disponibilidade de força confere ao poderoso a autonomia para decidir e autonomia para agir. Esta é a fonte mais potente para o exercício do poder. Sem dispor desta fonte pode-se exercer poder, mas as chances de triunfar são mais escassas.

Nas sociedades, uns querem o poder para dominar; outros não querem ser dominados. Almejam uma vida livre. Esta circunstância gerou dois agrupamentos gerais de conflito – o povo e os grandes – em quase todas as épocas históricas, perceberá Maquiavel. Em sociedades mais simples, os dois campos são mais visíveis, menos permeados por subgrupos. Em sociedades mais complexas, cada campo contém vários agrupamentos e gradações e ocorrem intersecções de grupos dos dois campos.

Maquiavel não afirma que os humanos são movidos por forças antissociais. São movidos por forças conflitivas, interesses, fins e desejos divergentes. Se o conflito faz parte da própria natureza humana, consequentemente, faz parte da vida em sociedade. Ele pode se desenrolar de forma pacífica ou violenta, segundo as leis ou pelo crime. Os conflitos suscitam diferentes motivações para a busca do poder. Este sentido presente em *O Príncipe* é reafirmado por Weber quando diz:

> Todo homem, que se entrega à política, aspira ao poder – seja porque o considere como instrumento a serviço da consecução de fins, ideais ou egoístas, seja porque deseja o poder 'pelo poder', para gozar do sentimento de prestígio que ele confere.[8]

Maquiavel, tanto em *O Príncipe* quando nos *Discorsi*, faz uma opção clara acerca das diversas motivações que devem orientar e justificar a busca do poder: governar bem o povo exercendo um bom governo. Este não era apenas o fim do poder, mas

---

8 WEBER, Max. *Ciência e política*: duas vocações. São Paulo: Cultrix, 2013, p. 67.

o meio principal de mantê-lo. A maior fortaleza de um líder, de um governante, é o apoio do povo, ensina ele. Isto se traduz em boa liderança e em bom governo. Isto implica em satisfazer os liderados e os governados, favorecendo-os. É como se existisse uma circularidade entre o poder e o bom governo, entre meios e fins. Esta circularidade confunde muitos analistas de Maquiavel ao argumentarem que ele coloca a conquista e a manutenção do poder como fim maior em *O Príncipe*.

O poder, em seu sentido geral, é uma interação entre sujeitos na qual um dos polos, a partir das alternativas que dispõe, procura influenciar as escolhas do outro. Para isso, como se disse, aquele que exerce o poder precisa dispor de meios de mediação. Na maior parte dos casos, o poder tem um caráter reflexivo. Ao chegar no polo receptor ele retroage de volta para o polo emissor. O uso da violência para exercer o poder constitui uma das cadeias que menos permite a reflexibilidade.

As interações de poder podem ser diretas, no sentido de presenciais, entre indivíduos e grupos, ou podem ser mediadas por coisas, dinheiro, força, exércitos, instituições, leis etc. Estruturas e meios constituem as "liberdades disposicionais" do poderoso, nos termos de Niklas Luhmann.[9] Alguém tem poder quando é capaz de orientar as escolhas e as ações de outros. Essas orientações podem ser exercidas por meios materiais e imateriais. As interações podem suscitar medo, confiança, amor, temor, ódio, repulsa, fé, crença, racionalidade, afeto, obediência, disciplina, adesão, engajamento etc. O exercício do poder interfere na razão e nas emoções dos liderados. Mais nas emoções do que na razão. Deduz-se daqui que o exercício do poder pode ser positivo ou negativo, pode gerar escolhas que favorecem o poderoso ou o enfraquecem, que favorecem os liderados ou os prejudicam.

---

9 LUHMANN, Niklas. *Poder*. Brasília: UnB, 1985.

O poder é exercido nas diferentes esferas das atividades humanas e pode ser definido como poder político, social, econômico, religioso, militar, cultural etc. O saber, a ciência, gera um tipo específico de poder relacionado à atividade profissional. O professor, o médico, o engenheiro, o artista, exercem poderes específicos, orientando as escolhas das outras pessoas, a partir de seus saberes e formações profissionais. Competências e capacidades específicas dizem respeito a âmbitos específicos de exercício do poder. Embora o exercício do poder nessas diferentes esferas da atividade humana seja marcado por especificidades e diferenças, geralmente existe interação entre elas no exercício do poder. Por exemplo: no exercício do poder político há evidente interação com o poder econômico, social, militar etc. Existe o poder do homem sobre a natureza que também interfere no poder do homem sobre o homem e constitui, principalmente, poder econômico.

Em sendo o poder sempre relacional, interpessoal ou grupal, o que implica em relações entre pessoas, importa que as coisas, a riqueza, as instituições, as leis, os exércitos, são recursos de poder que permitem que pessoas influenciem e orientem as escolhas umas das outras. É nestes termos que é contestada a definição de Hobbes que define o poder de um homem como "meios de alcançar uma aparente vantagem futura".[10] Não que os meios, os recursos, não sejam fundamentais para o exercício de poder de uns sobre outros. Mas os meios, os instrumentos, são recursos que permitem mediar de forma mais efetiva o exercício do poder. Quanto mais meios alguém dispõe, em tese, mais poderoso é ou pode ser. O poder é algo que se exerce e depende de recursos e capacidades materiais e imateriais, como riqueza e exércitos ou eloquência e carisma.

Outra controvérsia sobre o poder diz respeito à sua relação com a força e a violência. A força pode ou não se traduzir em violência. Força e violência são meio de poder, embora alguns analistas,

---

10 HOBBES, Thomas. *Leviatã*. São Paulo: Abril Cultural, 1983.

a exemplo de Hannah Arendt e Niklas Luhmann, interponham ressalvas à relação constitutiva entre violência e poder. Arendt distingue os dois conceitos num sentido praticamente excludente. Luhmann também os distingue, mas argumenta que a violência é formadora de poder e isto o aproxima da concepção de Maquiavel.

Em diferentes textos, Arendt procura desidentificar os conceitos de violência e poder a partir de uma crítica à noção tradicional de poder identificada por ela na relação mando e obediência. Ao contestar esta acepção tradicional, ela procura reconstruir sua visão com base em outra tradição, a greco-romana. Segundo nesta tradição, o poder se lastrearia no consentimento dos governados: os *polites* gregos e os *civis* romanos dariam mais consentimentos às leis e menos aos homens. Eles obedeceriam às leis, sendo que o mando do magistrado era uma determinação da lei. O poder continuaria legítimo indefinidamente enquanto os cidadãos renovassem o seu consentimento à lei e, por decorrência, aos governantes.[11]

Sem dúvida, é verdade que nas cidades gregas e na República de Roma, o poder se constituía a partir de relações mais horizontais, tanto na relação com as magistraturas e instituições, quanto com os magistrados e governantes. Isto, contudo, não excluía relações verticais de um poder descendente, vertical. Muito da horizontalidade ainda sobrevive na Idade Média e nas repúblicas do início da Era Moderna.

Mas quanto mais a história caminha para o mundo moderno, mais as relações horizontais empalidecem em favor da verticalização do exercício do poder. Os Federalistas norte-americanos (James Madison e Alexander Hamilton) expõem de forma consciente e explícita uma espécie de morte da horizontalidade do poder ao conceberem a federação e o sistema representativo como algo excludente do exercício direto do poder por parte do povo. O poder

11 ARENDT, Hannah. *Sobre a violência*. Rio de Janeiro: Civilização Brasileira, 2013.

passaria a ser exercido por representantes. Isto não significa a exclusão da participação dos cidadãos em esferas de poder, mas a exclusão do direito de decidir.

Arendt procura distinguir os conceitos de poder, autoridade, força, vigor e violência. É certo que cada um desses conceitos se relaciona a atividades específicas. Também é certo que força e violência não são, necessariamente, a expressão de uma mesma atividade. Na distinção que ela estabelece entre violência e poder, irá alocar a violência na atividade da *fabricação* e não da *ação* e nem do *labor*, numa referência às três famosas tipologias de atividade humana que ela define em *A Condição Humana*.

A atividade política e o poder, no entender de Arendt, aparecem na ação, que é sempre uma interação entre sujeitos. A autora acerta quando distingue os conceitos de poder, autoridade, força, vigor e violência. Porém, os quatro últimos conceitos não se colocam no mesmo plano do poder. Autoridade, força, vigor e violência são meios disposicionais de poder. Arendt, com o intuito de se contrapor à tradição que identifica mando e obediência, que se expressariam na identidade equívoca, segundo ela, entre violência e poder, termina por identificar o poder com o consentimento. O consentimento, contudo, precisa ser colocado no mesmo nível conceitual da autoridade, da força, vigor, violência e outros meios disponíveis para o exercício do poder. Ou seja, a consentimento também é um meio de poder. Força, violência, consentimento, leis... são meios diferentes de exercício do poder. Os líderes, os governantes democráticos, os déspotas, os tiranos, os ditadores optam, preferencialmente, por um ou alguns desses meios específicos, segundo os seus valores e preferências, segundo os seus objetivos e segundo as circunstâncias. O fato de alguém exercer o poder preferencialmente pelo consentimento e pela observância da lei, não pode desconhecer que a violência também é um meio de exercê-lo.

Niklas Luhmann parte do pressuposto de que o poder, em sua natureza, ocorre por processos comunicativos, mediados simbolicamente por meios, nos quais o poderoso (*Alter*) influência e dirige as escolhas do subalterno (*Ego*) em processos nos quais ambos os lados estão sujeitos a contingências variadas. Seja por que razão for, os dois lados da relação de poder dispõem de alternativas a escolher. A partir disso, ele distinguirá o poder da coação e da violência. Diz:

> O poder deve ser, pois, distinto da coação a se fazer algo de concretamente determinado. As possibilidades de escolha do coagido são reduzidas a zero. No caso-limite, a coação leva ao uso da violência física e à substituição do agir próprio pelo agir, inalcançável dos outros. O poder perde a sua função de superar a dupla contingência, na medida em que se aproxima do caráter de coação.[12]

No emprego da coação e da violência, o poderoso promove a seleção e decide, bloqueando o agir do subalterno. O seu emprego, segundo Luhmann, ocorre quando há falta de poder ou quando o poderoso não consegue mais influenciar as escolhas do outro. O poder do poderoso é maior quanto mais alternativas atrativas ele dispõe para selecionar. O próprio poder de um sistema aumenta, também, quanto mais os subalternos dispõem de alternativas a escolher. Isto quer dizer que os sistemas democráticos, para funcionarem, exigem muito mais poder do que nos regimes autocráticos:

> O poder do poderoso é maior quando ele pode escolher, para efetivação por via do poder, entre decisões diferentes. Ele é também maior quando o poderoso pode efetuá-lo diante de um parceiro que possua alternativas mais numerosas e diversas. O poder cresce com liberdades de ambos os lados; ele aumenta, por exemplo, numa sociedade, na medida em que gera alternativas.[13]

---

12 LUHMANN, Niklas. *Poder*. Brasília: UnB, 1985, p. 9.

13 LUHMANN, Niklas. *Poder*. Brasília: UnB, 1985, p. 9.

Luhmann estabelece uma certa confusão entre o poder e os meios de sua efetivação. É certo que com o aumento das liberdades exige-se muito mais mediações do poderoso para poder orientar as escolhas dos governados. Isto, contudo, não significa o aumento do seu poder. O que se verifica nas sociedades modernas complexas é que os governos governam relativamente menos, no sentido de que aumentam as quantidades dos problemas a serem resolvidos e não aumentam na mesma proporção as capacidades governamentais de resolvê-los. Parece ser mais razoável admitir que quanto mais aumentam as liberdades e as complexidades sociais, mais meios de mediação de poder os governantes e os líderes precisam dispor. Quanto mais aumenta a defasagem entre os meios de poder em relação ao crescimento das liberdades, das interações e das complexidades sociais, mais aumenta a crise de governabilidade no sentido da incapacidade de resolver problemas.

Luhmann irá distinguir claramente o poder da violência, mas não recusará um papel importante à violência como meio constitutivo de poder. Acrescenta:

> A violência física empregada intencionalmente contra homens é ordenada ao poder, como meio de regulação do agir, por *eliminar o agir pelo agir, excluindo assim também uma transposição comunicativa das premissas reduzidas da decisão.* Com estas propriedades, a violência não pode ser poder, mas é o caso limite intransponível de uma alternativa a evitar constitutiva de poder.[14]

Logo adiante o autor acrescenta que a violência física ocupa "uma posição excepcional para a formação do poder" e que nenhuma "outra alternativa sobrepuja a violência física" nesta função. Fica claro, no entanto, que o uso da violência física como meio de formação de poder só deve ocorrer em casos-limite, em última

14 LUHMANN, Niklas. *Poder*. Brasília: UnB, 1985, p. 52.

instância, e que ela deve ser sempre uma alternativa a evitar. Esta posição é semelhante à visão geral contida nos escritos de Maquiavel, embora Luhmann não faça referência ao autor de *O Príncipe.*

A natureza humana

Para Maquiavel, o poder é algo natural à natureza humana. Os homens, no sentido genérico do termo, têm tipologias básicas de conduta invariantes. Em circunstâncias análogas, determinado tipo de conduta tende a se repetir. Por exemplo: em regra, o exercício do poder suscita a arrogância e a insolência e quando poderosos se encontram em dificuldades se tornam servis. Isto não significa que indivíduos, pelo conhecimento e pela experiência, não possam mudar o seu modo de agir. A ideia da invariância da natureza humana, claro, se refere à generalidade das condutas humanas. Dada esta invariância, o estudo da história torna-se fundamental como fator de aprendizado de lições e como fator de prudência. O agente ou o estudioso podem descobrir quais tipos de condutas e quais ações foram mais eficazes e quais menos, em dado tipo de circunstâncias. As circunstâncias, as oportunidades e as escolhas motivadas ditam as condutas. Esta compreensão pode servir de guia para as escolhas e tomadas de decisão no presente e no futuro, assim como pode orientar modos de agir.

Pode-se dizer que, para Maquiavel, os seres humanos são dotados de uma dupla natureza: 1) pela natureza humana propriamente dita, definida pelas características biofísicas, psicológicas e racionais comuns a todos, mas que se manifestam de forma diferente na vida e na experiência prática de cada um. A manifestação dessas características depende das circunstâncias, da experiência e dos acidentes que cada um enfrenta em sua vida. Por exemplo: todos somos dotados de capacidade racional, de linguagem, de desejos, e sentimos emoções comuns como raiva, ódio, inveja, amor, temor, piedade, gratidão, ingratidão etc.; 2) A sociabilidade humana cria uma segunda natureza que se traduz na cultura, costumes, religião, ideologias, ordem política, economia, arte etc. A segunda natureza deriva da primeira e condiciona o seu modo de apresentação nas ações humanas na história. Assim, o caráter conflitivo da primeira natureza condiciona a criação de instituições e leis para conter os potenciais destrutivos dos humanos. Estas leis e instituições – segunda natureza – condicionam, limitam e orientam os modos pelos quais os conflitos e relações humanos se explicitam. Há um permanente intercâmbio entre as duas naturezas, que se retroalimentam.

A segunda natureza assume uma variedade de particularidades e especificidades que se expressam nos diferentes hábitos e costumes de cada grupo ou no caráter nacional de um povo. O líder deve compreender as características dessa segunda natureza e levá-la em conta no exercício da sua liderança. Essas características condicionam e interagem com a modalidade de ação que o líder deve adotar, como mostra Maquiavel no Capítulo II de *O Príncipe*, como se verá adiante.

A prudência

A principal exigência que Maquiavel estabelece em relação ao exercício do poder é a de que ele deve ser exercido com prudência, seja quem for o sujeito que o exerce – Estado, partido, cônsul, general, príncipe, imperador, povo, conselho republicano etc. O poderoso deve ser virtuoso não só para obter êxito, mas para alcançar a glória. Todas as virtudes do poderoso precisam ter um comando e este comando deve estar reservado à virtude da prudência, virtude preeminente entre todas as virtudes. Os romanos alcançaram o pináculo da glória porque eram prudentes.

Prudência é, em Maquiavel, um saber prático que está relacionado com a capacidade de decidir acerca de como agir e quando agir. É um saber que preside das outras virtudes e os processos de racionalização. Ele visa identificar os meios adequados para realizar fins e objetivos determinados. Este saber prático como capacidade de decidir governa a ação, os meios e os fins. Governa as escolhas morais e as escolhas técnicas. Pelo fato das decisões e escolhas prudentes ocorrerem em contextos circunstanciais a prudência é um saber circunstanciado.

A prudência tem uma relação inextrincável com atividades e capacidades: antevisão, previsão, conhecimento, prevenção, decisão, capacidade de colocar em acordo os fins bons e justos em circunstâncias determinadas com meios adequados e eficientes. Relaciona-se também com capacidade retórica, com a escolha das palavrar certas para expressar o conteúdo certo no momento cero, com capacidade de persuadir com argumentos moralmente legítimos e com a escolha do modo de agir certo no momento oportuno.

A prudência vai além de uma disposição da razão. É ela que dispõe a razão para o discernimento nas singularidades das circunstâncias, fazendo-a perceber o verdadeiro bem ou o bem possível, orientando-a a escolher os fins justos e os meios a eles concernentes. A prudência, assim, informa a regra e a medida das outras virtudes no agir. A prudência é a capacidade de julgar e de decidir acerca da ação e das várias determinações implicadas na ação, por exemplo, ousadia ou cautela, coragem ou temor, persuasão ou força etc.

Para Maquiavel, claro está, o prudente é o homem de ação, o líder. Como se verá adiante, o prudente terá que antever, decidir, resolver. O critério: justiça e honestidade. O ponto de partida é a compaixão com aqueles que sofrem a opressão, com os aflitos. Disto decorre que a intervenção técnica é inseparável da exigência de um conteúdo moral. Como em Maquiavel, a política tem uma moralidade própria, o critério maior da *prudência* deve ser o da ação em benefício da produção do bem público. Os critérios da moral comum não devem ser ignorados, mas podem aparecer subordinados ao critério superior das exigências da decisão política que busca a eficácia a partir da adequação de fins e meios.

Importa para o líder prudente dominar várias capacidades técnicas, calculativas e operativas.

Mas o que distingue a prudência em sua especificidade consiste na capacidade de julgar e decidir. Para isto o prudente terá que ter um grande senso de antevidência, de percepção da natureza do momento ou do tempo considerando circunstâncias e atores, de adotar a decisão adequada e de escolher os meios eficazes para resolver os problemas e alcançar fins. A prudência não pode ser reduzida a uma mera capacidade calculativa visando estabelecer um controle das ações e de seus resultados. A prudência é isto e é mais que isto: é a capacidade de conferir determinados sentidos às ações humanas, mobilizando-as segundo finalidades. Para isto terá que ter a capacidade de dominar ou governar o tempo, tanto pelo senso de antevidência quanto por ações preemptivas. Claro, o prudente nunca poderá negligenciar as possíveis consequências das decisões e das ações prevenindo-se em relação às mesmas.

A *virtù*

Somente a *virtù* dos líderes e do povo pode impedir a permanência de uma nação na trágica normalidade ou deter a corrupção de um poder que chegou ao apogeu, renovando-o, refundando-o e evitando a decadência.

A noção de *virtù* em Maquiavel, como já foi argumentado por vários comentaristas, é um conceito complexo que se dirige a alguns significados diferentes, porém, não contraditórios. De origem ciceroniana, o conceito tem uma longa história na tradição humanista até chegar ao escritor florentino, como mostra Quentin Skinner.[15] Derivada da palavra latina *vir*, viril, expressa a ideia de coragem, combatividade e audácia. Ou seja, a disposição

15 SKINNER, Quentin. *As fundações do pensamento político moderno*. São Paulo: Companhia das Letras, 1996.

para lutar pela liberdade, pela vida, por justiça, pelo grupo, pela comunidade, pela pátria.

Numa segunda acepção, mais ampla, a *virtù* expressa o conjunto de qualidades do líder, a sua excelência, as suas capacidades técnicas e intelectuais e o seu valor moral. Para Maquiavel, "o conceito de *virtù* serve dessa forma para indicar a qualidade indispensável que capacita um príncipe a vencer as pedras e as setas da enfurecida Fortuna e a aspirar assim à obtenção da honra, glória e fama".[16] Depreende-se daí que a *virtù* é uma força capaz de controlar o acaso e o imprevisto, o que se traduz na capacidade de imprimir direção e sentido ao curso das coisas políticas ou das coisas humanas em geral. Isto implica na capacidade de liderar e comandar. É neste âmbito que a *virtù* aparece como a força capaz de dominar a *fortuna*, seja para reduzir seus efeitos danosos, seja para torná-la uma aliada. Nesse antagonismo entre essas duas forças (*virtù versus fortuna*), a primeira representa as noções de capacidade de comando, de direção e de sentido; e a segunda, expressa as ideias de desordem, contingência, desagregação, dispersão e perda de comando e de sentido.

Numa terceira acepção, a *virtù* significa a capacidade que o líder deve ter para dispor de meios e as qualidades morais que ele deve ter para manejar esses meios. Por exemplo: o líder, para triunfar, precisa dispor de forças (militares ou políticas) próprias, mas deve possuir as qualidades morais de comando para conduzir essas forças aos objetivos e fins do projeto. Deve saber escolher os meios adequados para atingir os objetivos. Deve saber até onde ele pode ir no uso dos meios e quando deve parar. Precisa ser prudente. É a partir desta compreensão e desta decisão que se permitirá que o líder leve a efeito uma ação justificável e necessária, impedindo que ele resvale para o erro ou para o cometimento de um crime. Não

---

16 SKINNER, Quentin. *As fundações do pensamento político moderno*. São Paulo: Companhia das Letras, 1996, p. 142.

se trata de escolher e usar qualquer meio, mas o meio concernente ao fim, um meio justificável para realizar a coisa significativa, grandiosa, ou para salvar a pátria.

Numa quarta acepção, a *virtù* aparece como a energia criativa do líder para inovar, criar algo novo, mudar o curso dos acontecimentos humanos, fundar um novo Estado. Esta energia se traduz no poder demiúrgico do líder, poder que pode se manifestar na conquista militar, na libertação e agregação de um povo no momento fundante ou na fundação do Estado pela lei. Aqui não faltam exemplos em Maquiavel. Moisés (século XIV a.C.), Ciro (século VI a.C.), Teseu (século XIII a.C.), Rômulo (século VIII a.C.)., Licurgo (século VIII a.C.) são alguns desses líderes demiúrgicos de grande *virtù*, de grande poder criativo. É esta capacidade criadora e fundante que eleva ao patamar mais alto a conquista da honra, glória e fama.

Em *O Príncipe* a *virtù* é referida principalmente aos líderes. Já nos *Discorsi*, em várias passagens, o conceito de *virtù* mantém a conotação que está em *O Príncipe* – a *virtù* de líderes valorosos – mas assume também uma dimensão que é remetida ao povo. Povo virtuoso é povo ativo, povo apto à participação nos negócios públicos e ao exercício do controle do poder político. Ele deve lutar para conquistar ou manter a sua liberdade, garantir seus interesses, participar do exercício do poder diretamente ou por meio de representantes (tribunos), garantir a justiça e a igualdade e promover o bem comum. Os poderosos querem dominar e oprimir o povo. Um povo livre deve lutar para não ser oprimido. Os governos, em regra, também tendem à opressão. O povo ativo deve funcionar como um contrapoder, um controle e um limite, tanto do poder dos poderosos, quanto dos governos. A *virtù* republicana, em síntese, é a capacidade inerente a um povo que o torna apto à liberdade. Ela não é apenas uma potência inerente ao povo, mas é, fundamentalmente, a atividade política do povo.

PARTE I

LIDERANÇA E INOVAÇÃO POLÍTICA

CAPÍTULO I

POR QUE LIDERAR?

A obra de Maquiavel representa um esforço desesperado para encontrar o caminho para sair do inferno. Mas talvez nem haja este caminho e, como sugere Sebastian de Grazia,[17] a questão seja mesmo a reforma do inferno. Na cosmovisão de Maquiavel, o mundo é a expressão permanente da luta entre o bem e o mal – ora prevalecendo um, ora prevalecendo o outro, mas com uma propensão de prevalência do mal. Em determinados momentos ambos podem coexistir em estado de equilíbrio. O período histórico no qual Maquiavel viveu e, principalmente, nos séculos precedentes, prevaleceu o mal, particularmente na Itália. O inferno era ali. Maquiavel o conhecia por duas vias: pela alegoria poética de Dante, na *Divina Comédia*, e pelo conhecimento da história, que será condensado racionalmente alguns anos após a elaboração de suas obras principais – *O Príncipe* e os *Discorsi* – em as *Histórias Florentinas*.

No inferno de Dante estão os luxuriosos, os gulosos, os avarentos, os iracundos, os insolentes, os soberbos, os hereges, os violentos contra Deus e contra a natureza e os traidores. Com efeito,

---

17 DE GRAZIA, S. *Maquiavel no Inferno*. São Paulo: Companhia das Letras, 2000.

a *Divina Comédia* é uma condensação alegoria e artística da vida de Dante, da vida na Itália da Idade Média e, tendo em vista a sua atemporalidade, expressa também uma alegoria da humanidade.

Nas *Histórias Florentinas*, Maquiavel descreve séculos de sangue. O solo italiano é regado pelo sangue provocado por guerras intermináveis entre cidades, entre principados, ducados, repúblicas, o papado, forças estrangeiras, alianças que se fazem e se desfazem, entre amigos de ontem e inimigos de hoje, entre amigos de hoje e inimigos do amanhã. Há um contraste evidente entre os *Discorsi* e as *Histórias Florentinas*: os primeiros descrevem a grandeza de Roma; as segundas tratam de um largo período de decadência. Decadência que se iniciara com o fim da República e a ascensão do Império. A corrupção da República está na origem da decadência e é o principal mal de todas as repúblicas.

O mito da corrupção humana tem uma longa tradição e uma de suas mais eloquentes narrativas está na Bíblia O homem decaído do Jardim do Éden transforma a Terra num lugar pecaminoso. Caim assassina seu irmão Abel, a história do povo escolhido é uma história de sangue, de traições, de perfídias, de pecados e de escravidão. Deus precisa intervir várias vezes para tentar salvar o seu povo. Mas precisa castigá-lo e Jerusalém será destruída, pois as advertências dos profetas não são fortes o suficiente para conter os pecadores.

> Corromperam-se e perpetraram abominações; já não há quem pratique o bem. 2. Do céu inclina o Senhor o seu olhar sobre os filhos dos homens, para ver se há quem tenha prudência e busque a Deus. 3. Desgarraram-se todos e se perverteram; não há quem faça o bem, não há um só (Salmo 13).[18]

---

18 BÍBLIA A. T. "Salmos". *Bíblia Sagrada*: Antigo e Novo Testamentos. Trad. Padre Antônio Pereira de Figueiredo. Rio de Janeiro: Edição Ecumênica, 1994, pp. 418/419.

Mesmo quando Deus intervém para libertar seu povo, para dar-lhe um ordenamento legal, torna-se necessário que Moisés espatife as tábuas da lei e mande passar no fio da espada milhares de homens para que a lei seja observada e para que a caminhada pela libertação continue rumo à Terra Prometida.

Os impérios antigos foram impérios de sangue. Para estabilizar os povos e atenuar os conflitos, os impérios buscavam agregar imensos poderes submetendo cidades e povos pela violência. A busca da paz sempre exigiu guerras. Para construir uma Cosmópolis, uma Cidade Universal, na qual os povos de todas as raças pudessem viver em paz e em condições de igualdade, Alexandre o Grande precisou levar a guerra para os confins do mundo conhecido. O Império Romano, para garantir a Paz, a Ordem, a Justiça e a Civilização precisou se transformar numa trincheira permanente em todos os seus contornos, nos quais postou soldados com espadas e gládios sempre às mãos. E nunca deixou de levar guerras e devastações para além-fronteiras. Mesmo um imperador humano e piedoso como Marco Aurélio (121-180) precisou viver anos com a espada na mão.

Maquiavel era um grande leitor de livros de história e a história não lhe permitia ser otimista acerca da natureza humana. A história posterior ratificou a sua avaliação. Com o surgimento e afirmação dos Estados modernos, as guerras foram uma constante até atingir as horrendas matanças das duas guerras mundiais. Ao lado das guerras, as desigualdades, as injustiças, a pobreza, a escravidão, a exploração são outras grandes iniquidades humanas.

Maquiavel sabia que o mal, além de mudar de lugar, muda de figuras, muda suas formas de apresentação através dos tempos. Ele se encarna nos maus governos, na falta de liberdade dos povos, nas injustiças, na pobreza, nas desigualdades, na exploração, na opressão das mulheres, nos preconceitos, nos maus governos, nos líderes hipócritas, corruptos e incompetentes, nas guerras injustificáveis, nas religiões e líderes religiosos que enganam os fiéis e estão a serviço do dinheiro, na falta de bem-estar e assim por diante. O que ele diria ante as seguintes palavras?

> Minha mensagem para os líderes internacionais é de que nós estaremos de olho em vocês. Isto está completamente errado. Eu não deveria estar aqui. Eu deveria estar na minha escola, do outro lado do oceano. E vocês vêm até nós, jovens, para pedir esperança. Como vocês ousam. Vocês roubaram meus sonhos e minha infância com suas palavras vazias. E ainda assim, eu tenho que dizer que sou uma das pessoas com mais sorte diante de tudo isto. As pessoas estão sofrendo e estão morrendo. Os nossos ecossistemas estão morrendo. Nós estamos vivenciando o começo de uma extinção em massa. E tudo o que vocês fazem é falar de dinheiro e de contos de fadas sobre um crescimento econômico eterno. Como vocês se atrevem? Por mais de 30 anos, a ciência tem sido muito clara. Como vocês se atrevem a continuar ignorando isto? E como se atrevem a vir aqui e dizer que estão fazendo o suficiente? Quando sabemos que as políticas e as soluções necessárias não são sequer vistas? Vocês dizem que estão nos escutando e que compreende a urgência desta situação. Mas não importa quão triste e furiosa eu esteja, eu não quero acreditar no que dizem. Se vocês realmente entendem o que está acontecendo e continuam falhando em agir, vocês são um mal.[19]

Se o discurso for lido a partir de uma perspectiva maquiaveliana, o que se pode dizer é que o discurso foi feito por uma jovem corajosa e de *virtù*, que ela evidenciou a hipocrisia dos líderes mundiais, que os povos estão sendo governados por maus líderes que favorecem a degradação das condições da vida na Terra e que a crise ambiental é um dos grandes males do nosso tempo.

---

19 Trecho do discurso de Greta Thunberg pronunciado na Assembleia Geral da ONU em setembro de 2019.

Tal como as guerras, a queda moral do homem é uma constante em todos os tempos. Seria possível uma reforma moral do Homem, a construção de um novo mundo, um mundo melhor do que aquele recorrentemente trágico? Segundo Sebastian de Grazia, aparentemente, Maquiavel acreditava que, ao menos, seria possível equilibrar o céu e o inferno permitindo que brotasse um mundo diferente.[20]

Mas, desde as sociedades naturais primitivas até as sociedades modernas, há uma constante: nenhuma tribo, nenhum grupo, nenhum povo, nenhuma sociedade foram e são capazes, por si mesmos, de construir um caminho diferente, um país, um mundo, melhores. Precisam sempre ser conduzidos por líderes. Os líderes dos povos se revestem de várias figuras: sacerdotes, magos, profetas, pajés, capitães, generais, reis, rainhas, imperadores, legisladores, príncipes. Os líderes também não são garantia de um mundo melhor. Podem ser agentes de sua piora, artífices do mal. Assim, somente líderes com características peculiares, com virtudes específicas, são capazes de conduzir grupos humanos para uma vida melhor. Qual a natureza e o caráter que esses líderes devem ter? Quais são as virtudes e qualidades que devem esposar? Como devem se conduzir na liderança? Como devem governar? Estas questões constituem o âmago da reflexão de Maquiavel, tanto em *O Príncipe*, quanto nos *Discorsi*. Buscar-se-á responder algumas dessas indagações no decorrer do texto.

1.1 A lealdade

Uma das condições preliminares para a boa liderança consiste na capacidade de construir lealdades. A lealdade é uma virtude que implica a observação e o respeito com os compromissos assumidos. Em Maquiavel ela aparece em oposição à traição. As forças próprias são leais e as forças mercenárias são traiçoeiras. A lealdade

---

20 DE GRAZIA, S. *Maquiavel no Inferno*. São Paulo: Companhia das Letras, 2000, p. 30.

deve estabelecer vínculos de fidelidade entre o líder e os liderados, entre o governante e os governados. São compromissos mútuos. A lealdade tem um fundamento moral e racional e é nisto que se assenta o seu caráter de compromisso, de obrigação.

O líder deve ser capaz de agregar à lealdade a fidelidade, o vínculo de confiança, de constância e de permanência que se estabelece entre ele e os liderados e governados. O líder só conseguirá estabelecer vínculos de lealdade e de fidelidade se for capaz de cumprir seus compromissos com os liderados e governados. Para isto precisa ser sincero e íntegro, deve ser a representação e a expressão de uma verdade política, mesmo sabendo que em política a verdade é sempre uma construção. Mas a lealdade não se estabelecerá se nas palavras e ações do líder não se expressar fidedignidade. Mesmo que o povo se revele ingrato, o líder deve ser-lhe fiel, até para reconquistá-lo.

Se a lealdade estabelece vínculos de obrigação, a fidelidade estabelece relações de amor. Por isso se disse acima que o ponto de partida do líder para com os liderados deve ser a compaixão. O líder deve saber fazer-se amado e conseguir estabelecer amor à causa, amor à pátria, amor à liberdade, à justiça e à equidade. O problema da lealdade está implicado com as causas a defender. Elas precisam ser justas, legítimas e convincentes. A crença, a fidelidade na liderança deve ser expressões de uma fidelidade à causa. Líder e causa, líder e pátria, devem fundir-se na mesma fantasia.

O líder precisa saber que estará permanentemente envolvido em lutas políticas, militares, econômicas, sociais e culturais. As suas posições políticas e morais e as posições materiais, comerciais, militares e estratégicas do Estado precisam ser recorrentemente reafirmadas por diversos meios: pelo convencimento, pela persuasão, pela negociação, pela pressão ou pela força. As circunstâncias e a capacidade moral de escolher e manejar os meios adequados ditam qual desses meios deve ser usado ou quais devem ser combinados em cada ocasião. Se a paz, a civilização e a humanização sempre são fins e objetivos a serem perseguidos, dada a natureza humana, eles serão almejados com lutas e, muitas vezes, guerras. As guerras são uma constante nas histórias dos povos. Na História percorrida até agora, as guerras foram mais constantes do que os períodos de paz. Mesmo assim, desde o mundo antigo procurou-se estabelecer que as guerras precisam de justificativas razoáveis e que até nas guerras é necessário ter limites. As guerras de extermínio mereceram a condenação em todos os tempos.

O líder deve saber que sempre haverá alguém disposto a enfrentá-lo, a submetê-lo, a despojá-lo, a sobrepujá-lo, a derrotá-lo e a ocupar o seu lugar, pois a ambição, o egoísmo, a inveja, o expansionismo são elementos constantes da natureza humana. Desta forma, precisa manter-se em prontidão estratégica, precisa estar em alerta, sempre preparado para lutar, usando os meios adequados às circunstâncias. Deve saber quem são seus inimigos, quem são seus amigos, em quem confiar e em quem desconfiar. Deve saber com que forças e alianças pode contar e com que forças e alianças contam seus inimigos efetivos ou potenciais.

1.2 Estar preparado para o combate

Com efeito, no Capítulo XIV de *O Príncipe*, Maquiavel afirma que o pensamento, o envolvimento e o comportamento pessoal do líder devem ter sua centralidade na guerra, na organização e na disciplina de suas forças, "porque é disso que se espera de quem comanda". Quem não se preocupa com isso perde o comando. O líder deve dominar a arte de comandar.

O conceito de guerra deve ser compreendido, aqui, de forma ampla. A guerra não é apenas o momento da batalha física entre exércitos. É também o permanente ânimo pela batalha, o intervalo entre batalhas e, também, a condição de competição.

O líder deve conhecer o terreno, a geografia, no qual pode ser travada a batalha. Deve conhecer o ambiente político, social, cultural, moral e psicológico em que se move e atua. Tendo o domínio do terreno terá mais condições de manobrar, de enfrentar as adversidades, as surpresas e os inimigos. Conhecendo os detalhes do terreno, da geografia, das situações, das conjunturas, por analogias, poderá saber como lidar em terrenos não conhecidos porque tanto a conduta dos homens, quanto os acidentes geográficos têm naturezas assemelhadas.

No Capítulo VI do mesmo livro, Maquiavel chama a atenção para o fato de que os profetas armados venceram e os desarmados fracassaram. Isto quer dizer que a liderança está sempre implicada na relação de forças, sendo que este conceito de força pode ser extrapolado do terreno militar para o terreno político ou econômico. Novamente aqui ressurge o problema da natureza das forças que o líder precisa dispor. Devem ser forças próprias, formadas por soldados ou militantes e cidadãos leais e fiéis.

1.3 A necessidade de liderança

A disponibilidade de forças próprias, como se verá adiante, seja ela política, militar ou social, é condição absoluta de êxito. A liderança é necessária para que o grupo, a cidade, a sociedade e a nação tenham sentido, rumo e direção. A liderança era necessária nos grupos humanos primitivos e, quanto mais as sociedades se tornam complexas, pelo desenvolvimento material e tecnológico, e quanto mais se tornam complexas pelo número de pessoas e pela pluralidade e diversidade social, cultural, religiosa e econômica, mais a liderança se faz necessária.

Sem essa liderança, as coisas do mundo e as sociedades (a própria humanidade) não terão sentido e rumo. Tornam-se caóticas e mais destrutivas do que são. Sem líderes a deriva de grupos, dos empreendimentos e dos povos é um risco permanente. Os interesses privados se sobreporiam aos interesses coletivos e públicos. O mundo e os humanos, sejam eles criação de Deus, da natureza ou do acaso, são e serão sempre incompletos. A tarefa dos seres racionais no mundo consiste em tentar completar a incompletude do mundo e dos humanos. Mas esta parece ser um trabalho de Sísifo. Com efeito, através do conhecimento e da tecnologia, os humanos procuram construir seu próprio destino, ludibriando os Deuses, Zeus, Tânatos e Hades. O triunfo dos humanos, contudo, é temporal. Quando não os mesmos indivíduos, gerações sucessivas precisam retomar o trabalho de complementação de um mundo incompleto. Este trabalho é, também, sempre destrutivo e de desconstrução do mundo que já foi completado. Por mais astutos e inventivos que sejam os humanos, no fim, não são capazes de fugir do seu destino trágico, do castigo e da morte.

A liderança, assim, é necessária também porque os humanos têm uma natureza imperfeita, incompleta, maliciosa, egoísta, invejosa, ambiciosa, pérfida, vingativa e violenta. Precisam ser contidos por regras, normas, leis e instituições. Somente com líderes serão capazes de construir um sentido de ordem, serão capazes de um convívio relativamente pacífico e adequado, serão capazes de condutas balizadas por regras do bom senso, serão capazes de canalizar suas paixões e ambições para propósitos positivos e construtivos.

Se os seres humanos têm essa natureza, não é adequado ser otimista. A razão precisa ser pessimista. O aforisma, do pessimismo da razão e do otimismo da vontade, mais tarde consagrado por Antônio Gramsci, a rigor, já está em Maquiavel. Porquanto a razão analisa e compreende os humanos e o mundo, não é possível ser otimista, pois as irracionalidades, as injustiças, a degradação, as perversidades e a destruição do meio ambiente do mundo evocam a descrença de que seja possível um conserto de tantos desconsertos. A própria razão pode ser instrumento do mal. O pessimismo da inteligência, contudo, não pode resultar na passividade. Se o bom e o ótimo são inalcançáveis, o menos pior é possível, pois não há limite para a degradação e a tragédia. Lutar pelo menos pior torna-se uma demanda moral.

Ademais, o poder criativo da inteligência através do conhecimento, da ciência e da tecnologia, deve estimular o engajamento moral dos seres humanos com a crença de que o pior pode ser evitado e de que é possível construir algo diferente da realidade do mundo dado. O pessimismo da inteligência e o otimismo da vontade se equilibram, equilibrando psicologicamente os seres humanos, permitindo uma serenidade estoica que facilita a tarefa e a missão de viver.

Nos *Discorsi*, Maquiavel é explícito na formulação da tese de que em política deve-se evitar o mal maior – proposição que depois foi assumida pelos Federalistas, particularmente por Hamilton. Desta forma, é necessário que os líderes arrisquem até mesmo a vida para evitar o mal maior e produzir o bem possível. É preciso estimular a *virtù* dos líderes e dos povos, educá-los, incitá-los, estimulá-los a agir na busca do bem comum, da grandeza do Estado e da conquista da glória. É preciso arrancar os povos da escravidão, da servidão, da subserviência, da passividade, da indolência e conduzi-lo através dos desertos, dos campos inóspitos, das montanhas íngremes e rochosas e dos caminhos cheios de armadilhas, indicando-lhes que lá adiante existe uma Canaã. O otimismo da vontade radica nesta disposição férrea para agir e conduzir e nessa crença na esperança de um mundo menos ruim, numa sociedade melhor.

1.4 A indolência

Nem os líderes e nem os povos podem se deixar tomar pala doença da indolência. Esta é o caminho da ruína do poder e a estrada que leva à perda da liberdade dos povos, pois os povos indolentes terminam por se submeter a algum tipo de servidão, de subserviência. A indolência precisa ser rejeitada tanto na ordem medíocre da normalidade, quanto nos momentos de triunfo e de apogeu. No primeiro caso, os povos ficam mergulhados na trágica normalidade. Passivos e sem líderes virtuosos, permanecem por décadas, até séculos, imersos na falta de perspectivas, na incapacidade para reformar as instituições e a sociedade, na injustiça da pobreza e da desigualdade. Em regra, esses povos são dominados por uma elite predatória, que mais tira do que governa os cidadãos.

A indolência no triunfo e no apogeu leva à corrupção, à ruína e à decadência. Ao longo de todos os tempos, pensadores políticos advertiram para os riscos da acomodação nos momentos de apogeu. Os romanos tinham consciência deste risco. O historiador Políbio (203 a.C. a 120 a.C.) o torna explícito e adverte Roma acerca dos riscos da decadência após a destruição de Cartago. Nos *Discorsi*, Maquiavel acentua esses riscos. A indolência no apogeu provoca a morte da *virtù* e dos princípios que levaram aos triunfos e à grandeza. Os líderes se tornam ociosos e negligentes, gerando males no governo e na sociedade. As medidas preventivas são esquecidas e a solução dos problemas é postergada, gerando uma situação que tende à ingovernabilidade ou à perda de comando. A corrupção toma conta dos líderes e do corpo cívico. As lealdades e o respeito se desfazem. Perde-se a virilidade combativa. Alastra-se a morte cívica dos cidadãos que perdem o civismo ativo. Em face de líderes corruptos, a decomposição moral gangrena toda a sociedade, que mergulha na descrença, na passividade e na permissividade. Daí surge o risco das tiranias, das ditaduras e do conservadorismo.

CAPÍTULO II

O LÍDER INOVADOR

O líder novo (novo príncipe) é apresentado por Maquiavel como um inovador, como alguém que tem a capacidade de gerar uma nova realidade, dar à luz algo que ainda não existe. É um fundador, um legislador, um refundador, um reformador de um Estado. As fundações ou as reformas precisam ser tanto materiais, quanto intelectuais e morais. Esse líder deve ser inteligente, ter profundo conhecimento da história, ter capacidade analítica para compreender as circunstâncias do momento, dispor de meios de poder (principalmente de forças próprias) e ter a capacidade moral de manejar os meios e comandar. O líder novo deve orientar suas ações e seu projeto para o bem comum. Aquele que não age com esse sentido ético não está qualificado à designação de líder novo, inovador, novo príncipe. Este é um pressuposto estruturante do pensamento de Maquiavel.

Os fundadores estão no pináculo da hierarquia dos heróis gloriosos, que alcançam a imortalidade terrena. São de dois tipos: fundam Estados ou fundam religiões. Os fundadores de Estados podem ser conquistadores ou legisladores. Por isso, Moisés é o líder arquétipo de todos os líderes, pois, ao mesmo tempo, libertou o povo, fundou o Estado e a religião e, ainda, dotou o povo com a lei. Exemplos de grandes legisladores são Licurgo e Sólon. Eles dão forma à matéria informe de um povo ainda não ordenado por uma estrutura legal e institucional.

Os refundadores são aqueles que enfrentam uma situação de declínio do Estado após este ter chegado à grandeza. O declínio se caracteriza pela existência de uma corrupção generalizada no Estado e na sociedade, inclusive, a corrupção dos princípios fundantes que tinham sido a força vital das conquistas e dos empreendimentos que levaram à grandeza. Nesta situação crítica, os líderes, corrompidos, deixaram de ser tanto uma força ativadora das energias do povo e do Estado, quanto perderam a condição de liderar pelo exemplo e pelos empreendimentos significativos que desenvolveram aquela realidade no passado. A corrupção degenera os corpos políticos e impede o surgimento de líderes virtuosos. O refundador age resgatando os princípios fundantes, esmaecidos pela corrupção, pelos vícios e pela indolência. Nos *Discorsi*, Maquiavel vê duas formas fundamentais de refundar um Estado em declínio: 1) pelo surgimento de um líder capaz de ter a consciência do declínio e de suas causas e de agir para resgatar os princípios fundantes com mudanças na lei, pelo exemplo e, se for o caso, praticando o terror fundante contra os responsáveis pela corrupção e pelos vícios; ou, 2) pela guerra externa que, se justa e necessária, pode regenerar o corpo doente do Estado em declínio.

O líder reformador se faz necessário numa ordem em crise, inepta às mudanças concernentes a uma realidade estagnada, corrompida, que não consegue atualizar-se para garantir o bem comum. As ações preeminentes do líder reformador ocorrem pela via da mudança das leis, tarefa que não será fácil de ser levada a efeito, pois aqueles que se beneficiam da ordem existente serão contra as mudanças e aqueles que se beneficiarão da nova ordem darão "um pálido apoio", diz Maquiavel, pois não experimentaram ainda os benefícios das reformas.

Nesse espectro de líderes cruciais – fundadores, legisladores, refundadores e reformadores – destinados a agir em circunstâncias excepcionais e extraordinárias, todos eles não podem prescindir da força e das armas se quiserem triunfar, pois "os profetas armados venceram, e os desarmados fracassaram".

Alguém poderia considerar que Jesus Cristo prescindiu da força. Mas é preciso lembrar que o cristianismo só triunfou quando passou a contar com a espada do Império Romano, albergado no poder a partir de Constantino e transformado em religião protegida e exclusiva por Teodósio. A força é, como se verá adiante, um meio coativo do exercício do poder e de garantia de consecução das mudanças.

2.1 A missão do líder

Weber, olhando para a história, lembra que líderes sempre existiram em todos os tempos e em todas as atividades humanas. A liderança, como se disse, confere direção e sentido às atividades. Maquiavel não acreditava que houvesse uma racionalidade intrínseca às coisas da vida comunitária dos povos ou que houvesse uma tendência à vida pacífica e harmoniosa. Traições, fraudes, conspirações, mentiras são modalidades constantes de ação na história, praticadas por pessoas que visam satisfazer seus interesses e paixões. Guerras, violência, massacres nunca deixaram de acontecer em diferentes sociedades ao longo dos tempos. A concentração de riqueza nas mãos de poucos e a miséria de muitos é uma realidade que também faz parte da história da humanidade. Outras formas de dominação e de exploração mais sutis, principalmente através do trabalho, expressam formas de guerras silenciosas e profundas, enraizadas na natureza e na história do homem. Violência e dominação são testemunhos dramáticos e gritantes de que "todos os homens são perversos" e de que "sempre darão vazão à malignidade que existe em sua mente quando a oportunidade se oferecer".

Do ponto de vista político, o líder tem duas missões fundamentais: defender o grupo, a comunidade, e dirigi-lo para que consiga viver em níveis razoáveis de convívio, paz e ordem. Para isto, os líderes precisam empreender um esforço único, inaudito, muitas vezes usando meios condenáveis e terríveis – a exemplo da violência. Meios coercivos, forças policiais, leis, instituições e educação são recursos que constrangem e educam os seres humanos a viver segundo regras e normas, limitando seu potencial destrutivo. Mas a limitação do potencial destrutivo cobra um alto preço: o condicionamento de todo o sistema social, a subordinação aos governos, a imposição dos ricos e a inabilitação para uma vida livre.

Mesmo nas repúblicas são necessários líderes. O povo é visto por Maquiavel como a potência da liberdade e da virtude. Em seu estado natural, o "povo não quer ser oprimido". Para que o povo se torne ativo precisa de líderes. O líder é necessário para que a potência do povo se torne ato, como se verá adiante.

Duas outras temáticas recorrentes nos textos de Maquiavel apontam para a necessidade de líderes. A primeira diz respeito à perpetuidade de movimento dos acontecimentos humanos, das coisas do mundo. Este movimento, ou é governado pela *fortuna*, pelo acaso, ou pela ação consciente, pela capacidade de comando, de direção e sentido da atividade humana. Ombreando esta temática, existe o problema da natureza humana que propende mais para o mal do que para o bem. O mal também tem uma função desorganizadora do ordenamento político e social. Ele favorece a ação furiosa da *fortuna*, que tudo destrói. Os seres humanos se deixam dominar pelo egoísmo, pela ambição ilimitada, pela inveja, e se tornam pérfidos, desumanos e malvados. Conter o caráter devasso e destrutivo da maldade humana requer líderes virtuosos, que imponham limites à ganância e ao egoísmo através de leis, ordenamentos, instituições e a educação. Se estes elementos deletérios da natureza humana não podem ser eliminados, devem ser canalizados de tal forma que não provoquem o espetáculo da devassidão e da miséria humanas.

A capacidade ilimitada de desejar é causa das maiores tragédias e perfídias, mas pode ser também causa das grandezas e glórias humanas. Tudo depende do sentido que as ações humanas adquirem. Ou se dirigem para fins individuais e particulares egoístas, contrários ao bem comum, ou se dirigem para o bem comum, o bem coletivo, mas sem anular a liberdade dos indivíduos. Claro, Maquiavel o sabe, é possível combinar a ambição individual com o bem comum. O líder pode ambicionar a glória com grandes empreendimentos e com ações exemplares orientados para o bem comum, para a justiça e para a liberdade.

Na raiz do poder está a relação instintiva e natural da autopreservação. Defender-se do ataque inimigo criando uma zona ou área de proteção para si e para seu grupo constitui a base natural da liderança e do poder. Esta necessidade e desejo foi também elemento essencial da transição das sociedades nômades para as sociedades gregárias fixas. Defender-se do ataque, não fugir, é um ato de coragem. A coragem é a primordial virtude do líder que vai exercer o poder. Ele devia estar disposto a morrer pelo grupo e pela aldeia.

“Atacar os outros”, um segundo ato depois de se defender, indica Maquiavel nos *Discorsi*, é um ato implicado em duas determinações. A primeira, ainda guarda um vínculo natural com a necessidade de defesa. Aniquilar o outro ou submetê-lo ao domínio próprio constitui uma maior garantia de defesa. Defender-se e impor-se é conseguir reconhecimento. A segunda determinação se articula com o desejo de poder. Desejo que alimenta a ambição de domínio, de grandeza, de glória. A realização desse desejo requer a acumulação de meios de poder. O desejo articula-se com interesses, com causas ou com ambos. Esta determinação do poder está inextricavelmente vinculada com a expansão.

2.2 Expansão do poder

O líder deve lutar para ter o domínio do seu próprio destino e o domínio e comando do seu empreendimento, mas sabendo que nem um e nem outro estão plenamente assegurados. Por isso, deve saber que sua posição depende sempre da luta, seja para manter o que tem, seja para conquistar mais. Mas se o líder se limitar apenas a manter o que tem, poderá perder-se, já que outros tentarão suplantá-lo. A falta de garantias em relação ao que se tem e em relação ao futuro é a base, o fundamento, da necessidade de expansão do poder. Mas a expansão do poder tem também outra razão de ser: os desejos humanos – o desejo de querer ou de ter mais – a ambição. A expansão está sempre urdida com a insegurança, com a incerteza e com a ambição.

A expansão do poder se vincula a duas poderosíssimas forças: a necessidade e a liberdade. A garantia da estabilidade está na expansão. As forças que não se expandem tendem a estarem sempre mais inseguras do que aquelas que se expandem. Por outro lado, a expansão do poder é condição para ser livre, para dispor de meios para exercer a autonomia, para criar. É também condição de domínio, pois quem não se expande tende a ser dominado por aquele que se expande.

A expansão do poder liga a defesa ao ataque, a dimensão natural do poder ao desejo de ambição. A expansão é uma dimensão intrínseca à condição natural do homem e é uma dimensão extrínseca relacionada ao seu modo de existir. No estudo da história se verifica que líderes, grupos, cidades, Estados e Impérios sempre procuraram expandir o seu poder. A expansão do poder humano articula a expansão das coisas, dos meios e objetos fabricados pelo homem, a expansão do conhecimento, a expansão dos negócios humanos, a expansão das sociedades e a expansão da ocupação do espaço terrestre, a conquista dos mares, a busca de terras desconhecidas e, atualmente, a busca da ocupação do espaço extraterrestre. A expansão estruturou a beleza e a graça das coisas humanas no mundo e o horror da destruição pelas tormentas de fogo, ferro e fúria cobrindo lugares com escombros, cadáveres, cinzas e rios de sangue.

Para Maquiavel, a ambição é uma das características permanentes da natureza humana. Sejam homens santos ou pecadores, pobres ou ricos, anônimos ou reputados, no rol de seus desejos o desejo de ter mais (bens, poder, dinheiro, relações, reputação, fama, reconhecimento etc.), é uma chama ardente que nunca se extingue. Ele antecipava Hobbes, no sentido de que parar de desejar é morrer.

Maquiavel enfatiza o desejo de poder e a "doçura", o deleite que o seu exercício faz experimentar. No capítulo 37 dos *Discorsi*, livro I, diz:

> É uma sentença dos antigos escritores como os homens se afligem no mal e se saciam com o bem, e como, de uma e de outra dessas duas paixões, nascem os mesmos efeitos. Porque, quando os homens não combatem por necessidade, combatem por ambição, a qual é tão potente no coração dos homens que por mais alto grau que alcancem nunca os abandona. A causa disto é que a natureza tem criado os homens de modo a desejar todas as coisas, mas não podem conseguir todas as coisas. De modo que é sempre maior o desejo do que a potência de conquistar o que se deseja. Disto resulta o descontentamento com o que se possui e a pouca satisfação consigo mesmo. Esta é a origem da variação da *fortuna* deles: porque desejando os homens, parte quer ter mais, parte teme perder o que adquiriu, e disto vem a inimizade e a guerra, da qual nasce a ruína de um Estado e a elevação de outro.[21]

O desejo por mais poder tem uma dimensão irracional. Quanto mais se tem, mais se quer. A faculdade desejante dos humanos os mantém em permanente estado de insatisfação e de incompletude. Ao não conseguirem ter mais ou ao não conseguirem ter todo o poder, os poderosos também se frustram. Os desejos humanos pelo poder são sempre maiores do que a possibilidade de acumular os meios necessários e de exercê-lo, ensina Maquiavel. Ter ou não ter

---

21 MACHIAVELLI, Niccolò. *Tutte le opere storiche, politiche e letterarie*. Roma: Grandi Tascabini Economici Newton, 1998, pp. 109/110.

poder não produz uma qualidade diferente da natureza humana, de um indivíduo comum ou de um líder. O que há de diferente são as formas de agir de cada um, pois estas são condicionadas pelos valores, pelas virtudes, pela natureza das instituições, pelas circunstâncias nas quais estão inseridos os atores, pelos seus fins e pelas suas liberdades disposicionais fornecidas pelos meios.

As coisas do mundo existem para serem desfrutadas pelos humanos. O desfrute imediato é consequência das necessidades humanas naturais. Para Rousseau, os indivíduos primitivos, em seu estado natural, desejavam apenas as coisas dadas, que estavam ao seu redor. Tinham capacidades desejantes limitadas. Junto com Hegel, indica que o surgimento das cidades, o desenvolvimento do trabalho organizado e o incremento do comércio, circunstâncias todas que multiplicaram a oferta de objetos, mercadorias, impulsionaram um processo de ilimitação dos desejos.

Desde os primórdios da humanidade, a satisfação das necessidades naturais e o desfrute das coisas do mundo implicaram em conflitos entre humanos e do homem com a natureza. Uma mesma coisa ou mesmo espaço eram alvo de desejo de mais de um ser humano, como assinalaram Maquiavel e Hobbes. Na relação com a natureza, a maior parte dos grupos humanos se apossou dela de forma destrutiva, prática que continua até hoje. Com o tempo, determinados grupos perceberam que a fixação era condição de maior acumulação e segurança. Subsequentemente, percebeu-se que a expansão e a conquista constituíam meios ainda mais eficazes de acumulação e segurança. Os desejos de poder, de conquista e de acumulação passaram a atender novas formas de conceber a segurança e de satisfazer o deleite pela posse de poder, de riqueza ou, simplesmente, pelo deleite de realização de uma ideia de ordem, de justiça e de sociedade. A criação de instituições e leis, o desenvolvimento da ordem política, visaram duas coisas: limitar ou regular os conflitos humanos e regrar e garantir a posse dos meios de poder e de seu exercício. Por outro lado, a violência natural se transmutou em guerra política, visando a expansão, as conquistas e a segurança.

Não há limite para os desejos humanos. Tanto é que os humanos projetam a transcendência, o infinito e o absoluto. Como princípio volitivo, o desejo impele os seres humanos à ação. O desejo pode ser motivado tanto pela consciência do limite e da incompletude, quanto pela consciência da potência, da aspiração, da ilimitação. O ter, de modo geral, proporciona uma satisfação parcial, rompida por novos apetites. Os povos e os líderes, de modo geral, adotaram essa lógica, expandindo-se pela via das guerras, da violência, das disputas, das conquistas, das migrações, das fugas, do comércio, da indústria, dos inventos, dá técnica, da ciência etc.

Dado o caráter mutante das coisas e dos negócios do mundo e da ação da *fortuna*, aqueles que se conformarem à situação dada ou herdada, tendem à ruína. Nem mesmo os muito poderosos ou os muito abastados se satisfazem com o que têm. A sensação de incompletude é geral nos seres humanos. O tempo, as mudanças e a competição são determinações corrosivas das condições estáticas e satisfatórias. O líder deve manter-se sempre em alerta e colocar em estado de prontidão seu exército, seu estado maior, seu ministério, seus auxiliares, sua equipe, seus liderados. Sempre haverá alguém com quem lutar ou algo para que lutar.

O fato é que as instituições humanas não se mantêm se não forem renovadas, refundadas e atualizadas. A corrupção, a estagnação e a competição que outras lhe movem as levarão ao declínio e à ruína. Se podem perdurar por séculos em que há virtude e vigor, claro, podem permanecer também por séculos numa condição de trágica normalidade, caracterizada pela injustiça e pela ausência de futuro digno para aquela sociedade ou grupo. A conquista e a manutenção da liberdade e a construção da república jamais são tarefas concluídas e acabadas.

Os homens estão condenados a lutar de forma permanente para manter suas posições e, se possível, reforçá-las e ampliá-las.

Quem não luta de forma permanente pela sua liberdade (posição) a perderá para inimigos e adversários, quando não para aliados, ou ela se corromperá e erodirá com o tempo, encontrando o declínio. Todo líder prudente deve considerar tanto o caráter ambicioso e conflitivo da natureza humana, quanto as determinações erosivas do tempo, que, quase sempre, andam de braços dados com a indolência e com a perda da *virtù*.

O desejo por mais poder sempre foi uma prerrogativa mais exercida pelos líderes e poderosos do que pelos fracos e dominados, pois estão menos sujeitos ao reino das necessidades. Já os povos, mais sujeitos ao reino das necessidades, o que mais querem é ser satisfeitos em suas necessidades básicas. Aqui nasce uma tensão permanente entre os povos e os grandes, várias vezes apontada por Maquiavel. Esta tensão tem, nas diversas histórias dos povos, diversas formas de manifestação, de conflitos, de soluções e de reposições das desavenças.

Se a conquista e a expansão são lógicas ou impulsos inerentes à condição humana que conformam interesses, duas questões se colocam: 1) como promovê-las em benefício dos povos e da humanidade; 2) como controlar e atenuar os seus possíveis efeitos destrutivos, reduzindo danos. A resposta à primeira questão depende do compromisso fundamental do líder, se é com o povo ou com os grandes, se é com os necessitados ou com os abastados, se é com o sentimento da compaixão ou com o egoísmo. Além disso, claro, depende das capacidades e das virtudes do líder. Já a resposta à segunda questão encontra várias formas: força, instituições, regras, leis, mediações, contrapesos, equilíbrios econômico e social etc.

O fato é que sendo os humanos portadores de potências egoístas e expansionistas destrutivas, e sendo o poder uma disposição que potencializa as possibilidades do arbítrio e da violência, ele precisa ser limitado por regras, normas e instituições, e pela educação. Quando não é limitado e controlado por contrapoderes, a tendência é a de que o conflito político, elemento permanente onde o poder está estabelecido institucionalmente, se resolva pela via da força e da violência. A tendência é a de que a destruição predatória da natureza agrave as condições de vida na Terra. Tragicamente, muitas vezes, as instituições limitadoras e retificadoras das condutas humanas são corrompidas e transformadas em arbítrio, dominação e tirania. Por isso a virtude republicana precisa estar sempre em prontidão e armada pata tentar transformar a Terra num lugar menos ruim para viver.

2.3 Coragem: a primeira virtude do líder

No capítulo segundo do livro I dos *Discorsi*, Maquiavel indica que a força física, a coragem e a bravura foram as qualidades e o primeiro elemento de uma moral natural para a liderança. Com as formações gregárias dos seres humanos desenvolveu-se uma moral social, precondição da organização política. O respeito aos chefes mais robustos era consequência de duas condições: 1) a força (robustez física) do líder; 2) suas qualidades ou a coragem demonstradas na defesa do grupo.

A defesa do grupo desenvolveu as noções de benefício e de utilidade. Os liderados se sentiram seguros. O chefe que fixou o grupo em um território passa a ter a obrigação moral de defendê-lo. A contrapartida ao benefício é a fidelidade do grupo para com o líder. Além da fidelidade, o termo *benefício* passa a ter entre persas, romanos, bárbaros e na Idade Média a conotação de uma prestação de serviço ao governante em troca da utilidade garantida por ele na segurança contra agressões extragrupo. A obrigação militar é um desses serviços que parcela dos indivíduos permuta com os benefícios fornecidos pelo líder. Ou seja, a relação implicada no benefício promove o desenvolvimento da relação de utilidade. Percebe-se que a conservação e a segurança do grupo é uma utilidade. A utilidade (os meios) pode satisfazer as necessidades e os interesses humanos. Assim, as muitas coisas úteis e desejáveis passam a atender uma crescente e complexa rede de finalidades humanas. Mesmo assim, a coisa que mais convém à natureza humana é (ou deveria ser) a conservação da espécie na conservação de si mesmo e na conservação dos outros.

Com a expansão e a complexificação dos aglomerados urbanos, com o surgimento e o desenvolvimento das cidades e, depois dos impérios, houve uma transição da liderança natural e religiosa para a liderança política. As cidades passaram a ter uma ordem política. É o que vislumbra Maquiavel quando diz no referido capítulo:

> A variedade de governos que surgiu entre os homens foi obra do acaso. No começo do mundo, sendo os habitantes poucos, viviam dispersos por muito tempo como as bestas. Depois, crescendo o número de pessoas, reuniram-se para viver juntos e, para melhor defender-se, começaram a identificar os mais robustos e mais corajosos e os fizeram chefes e os obedeceram. Disto nasce o conhecimento das coisas honestas e boas, contrapostas àquelas perniciosas e nocivas. Porque vendo que quem prejudicava o seu benfeitor provocava ódio e compaixão nos homens pela sua vítima. Passou-se a detestar os ingratos, a louvar os que demonstravam gratidão, pensando que aquelas mesmas injúrias pudessem ser feitas a cada um. Para fugir de males semelhantes, recorreu-se a fazer leis, ordenar punições àqueles contravenintes às leis, de onde vem o conhecimento da justiça.[22]

A partir daí, Maquiavel observa que quando houve a necessidade de escolher chefes passou-se a buscar não mais os mais forte, mas "o mais sábio, sobretudo o mais justo".

Se é verdade que a liderança natural dos grupos primitivos é um protótipo de liderança, o fato é que a liderança política a

---

22 MACHIAVELLI, Niccolò. *Tutte le opere storiche, politiche e letterarie.* Roma: Grandi Tascabini Economici Newton, 1998, p. 62.

transcende e, também, a incorpora. A incorpora porque o líder político deve ter aspectos e qualidades da liderança natural, a exemplo da coragem e da predisposição de se colocar à frente da sociedade, do povo, para dar-lhe direção e sentido. A transcende, porque o líder político agregará meios de poder – leis, instituições, forças armadas regulares, partidos etc. – que não existem na liderança natural e nem mesmo na liderança econômica, empresarial, religiosa e assim por diante. O líder político terá sua atividade centrada na busca do poder político, na influência sobre ele ou no exercício desse poder.

2.4 A singularidade do poder político: mudança e estabilidade

A singularidade do poder político consiste que somente ele é capaz de adotar decisões abrangentes que incidem sobre a generalidade dos cidadãos e atinge toda a sociedade. Ele é a origem primeira e a instância última de todas as coisas de uma sociedade organizada: permite, autoriza ou consente com o exercício de outros poderes. Somente ele tem autoridade para adotar decisões soberanas. Essas decisões são adotadas por pessoas situadas em posições políticas e não por quaisquer outras pessoas. Mesmo na política democrática, admitindo-se a existência de uma democracia popular, participativa, o que prevalece em última instância são as decisões dos comandos, que descendem sobre a sociedade de forma vertical.

Desde Heráclito sabe-se que "tudo flui, nada fica parado". O mundo é conflito, o *pólemos* está em toda a parte e é origem de tudo. O Universo, que se origina do fogo, tem uma natureza mutante. A política é a força mutante dos acontecimentos humanos, dos negócios do mundo. Em Maquiavel, a política é o fogo heraclitiano dos acontecimentos humanos. Ela consome toda a permanência, toda a estabilidade. Embora todo líder que está no poder busque a estabilidade, a permanência, precisa saber quando e como mudar, reformar, mesmo que seja de forma paulatina. Ele deve buscar um equilíbrio entre Heráclito e Parmênides, mas deve saber que a palavra final acerca de todas as coisas, incluindo o poder, dará razão a Heráclito. A impermanência e a mudança se sobrepõem à permanência e à constância. Assim, o líder deve estar sempre preparado para as erupções abruptas, pois se não estiver capacitado e em alerta para enfrentá-las, pode perder o poder.

A estabilidade, com o tempo, tende a se corromper, já que o tempo tudo degrada, transformando as virtudes em vícios e a coragem em indolência. A única forma de prolongar a perdurabilidade do poder é mantê-lo vivo, ativo, tenso, alimentado pela chama dos princípios fundantes, quando estes são bons. Os líderes precisam saber deste segrego de como funcionam das coisas do mundo, a ação erosiva do tempo e a tendência de declínio do poder político.

O líder vencedor, que estabiliza a conquista, precisa ter um olho na estabilidade e outro na mudança. Sua regra deve ser mudar conservando. O segredo do sucesso é a combinação da estabilidade com a mudança. Em termos institucionais, as instituições precisam ser de tal ordem que garantam a mudança na estabilidade. Perdurar no tempo mudando é a condição do sucesso ou da construção da grandeza do empreendimento. O líder precisa ajustar permanentemente o seu poder e as suas formas de agir ao fluxo das mudanças.

Ao ser atacado pelos inimigos ou pela *fortuna*, o líder deve saber interpretar os movimentos dos atacantes e jogar o jogo das novas circunstâncias, antecipando-se aos inimigos. Ele deve saber que a regra dos líderes que almejam o poder é mudar inovando, destruindo as condições de estabilidade de quem está no poder quando se trata da ação orientada para a conquista dele. O líder deve saber usar métodos diferentes em diferentes circunstâncias, adaptando-se a elas para modificar a realidade ou, quando for o caso, estabilizá-la. Compreender as condições de cada momento é essencial para definir formas de agir. O líder não deve ser dominado pelas condições. Pelo contrário: deve buscar ter um domínio sobre elas, interpretando-as corretamente, pondo-se de acordo com elas ou contrariando-as, segundo as necessidades e interesses. As escolhas das formas e da natureza das ações corretas dependem dessa sabedoria prática, dessa prudência do líder.

Mas o que são as condições? Condições são um conjunto complexo de circunstâncias interdependentes, compostas por vários elementos. Dizem respeito à propriedade, essência ou natureza das coisas, dos momentos temporais e das conjunturas. Os seus elementos constitutivos podem ser alinhados em termos de: o poder estabelecido, os adversários, os acidentes, os vários atores, as necessidades e interesses, os objetivos e estratégias, as estruturas sociais, econômicas e políticas, os hábitos, costumes e leis, as opiniões, as ideologias e os valores, as tendências dos fluxos dos acontecimentos e das mudanças etc.

As condições precisam ser compreendidas para que o líder possa fazer as escolhas certas. Ele deve ter um conhecimento, uma percepção geral sobre elas. É certo que é quase impossível ter um domínio completo sobre elas. O líder dispõe de várias formas para compreendê-las: através de seus conhecimentos e estudos da história e da realidade; através do auxílio de um corpo de técnicos, assessores e auxiliares; por meio de sua prudência; por meio de sua sabedoria prática e de sua intuição aguçada etc. Líderes que comandam estruturas sociais complexas de poder precisam dispor de Estados-maiores, como indicou Weber.

2.5 O dever de liderar

Para Maquiavel os interesses pessoais ou de grupo nunca estão alheios à liderança. Considerados os interesses como pressuposto, querer liderar e liderar de fato é um imperativo moral. Em primeiro lugar, liderar é uma necessidade. O caráter conflitivo da natureza humana, de alguma forma, precisa ser regulado.

Por outro lado, os grupos, os povos, as sociedades precisam de liderança para fugir ao curso espontâneo dos acontecimentos humanos, pois este suscitaria mais violência do que aquela praticada pelos agrupamentos que vivem sob instituições politicamente organizadas. Controlar, limitar e, se possível, banir a violência privada, era uma questão que estava na raiz do processo de surgimento da ordem política. O estatuto legal que Sólon legou a Antenas vinha informado por este sentido. Antes prevalecia a lei do mais forte. A legislação de Sólon limitou a margem de arbítrio e violência privada.

O curso espontâneo dos acontecimentos humanos poderia provocar enormes desastres e tragédias, maiores e mais extensivos dos que existem. Ademais, conferir sentido à existência humana na Terra também é uma imanência da natureza humana, de sua racionalidade, de sua condição moral. Em terceiro lugar, o poder é algo inerente à natureza humana, como foi visto. A ordem política, ao procurar dar respostas a estas questões, visa imprimir direção, sentido e previsibilidade aos acontecimentos humanos e regramento ao exercício do poder.

As relações interindividuais humanas são permeadas por relações de poder. O poder, nos regimes constitucionais, precisa de regras e limites para ser exercido. As próprias Constituições são limites e regras do exercício de poder. A ordem política vem informada pela necessidade de liderança para dar-lhe direção e sentido. Claro, como nota Weber, líderes existiram em todos os tempos e em todas as atividades. A liderança política é aquela que se ocupa da direção ou da influência sobre o Estado. Se a mudança prevalece sobre a estabilidade, esta mudança precisa ser conduzida, assim como a estabilidade precisa ser governada.

A ordem política, contudo, não elimina o conflito e nem garante a paz. Regular o conflito e buscar a paz através de complexos sistemas de mediações é uma de suas prerrogativas. O caráter conflitivo da natureza humana gera um grande paradoxo: para buscar a paz, e garanti-la na medida do possível, é preciso preparar-se para a guerra. Esta antiga lição romana é lembrada por Maquiavel e por tantos outros escritores políticos e militares modernos.

Então, se alguém que tem propensões naturais ou intelectuais para a liderança e não é um mero aproveitador, um simples ambicioso pelo poder, um sanguinário assassino, mas que tem causas e fins para realizar, não deve apenas desejar o poder, mas lutar para conquistá-lo e mantê-lo. Se este alguém se considera justo e capaz, deve lutar para ser líder, para comandar, pois se ele não o fizer, outros o farão. Dentre os outros poderão estar os malvados, os perversos, os incompetentes, os interesseiros, os egoístas, os tiranos. Se ele não lutar, os malvados triunfarão e ele também será responsável pelo triunfo deles e pelos seus abusos. É nesta perspectiva que Maquiavel assenta a busca da liderança e do poder como um imperativo moral por parte daqueles que são bons, honestos e virtuosos.

O líder bom e justo, o líder de *virtù*, corajoso e competente, é aquele que faz do interesse comum seu interesse pessoal, aquele que tem como desejo pessoal o interesse comum, aquele que subordina sua ambição pessoal à ambição da grandeza do Estado, aquele que está disposto a sacrificar seu tempo e sua vida, quando for o caso, em prol do interesse comum e do bem-estar do povo. Somente este líder é capaz de atravessar grossas vigas de madeira no dizer de Weber, pois, ao ser capaz de tamanho esforço "deve ser um chefe e não apenas um chefe, mas um herói, no mais simples sentido da palavra".[23]

---

23 WEBER, Max. *Ciência e política*: duas vocações. São Paulo: Cultrix, 2013, p. 157.

CAPÍTULO III

A DETERMINAÇÃO DAS CIRCUNSTÂNCIAS E AS TIPOLOGIAS DO AGIR POLÍTICO

3.1 O peso das estruturas no agir

O tema das formas de governo é clássico na Filosofia Política. Os antigos ocuparam-se sobremaneira dele. O primeiro texto que se tem conhecimento a respeito vem de Heródoto quando ele atribui a três persas, que derrotaram uma rebelião de medas, uma discussão sobre o assunto. Retomado o poder pelos persas e em não havendo um sucessor natural de Cambises, filho de Ciro, então os três líderes do contragolpe, Dario, Otanes e Megabizo estabelecem uma discussão acerca da forma de governo a adotar. Megabizo defendeu a aristocracia; Otanes, a democracia; e Dario, a monarquia. Independentemente de o fato ter ocorrido ou não, o texto está na base das elaborações posteriores dos filósofos acerca das formas de governo. Estes, os filósofos, produziram um acréscimo: juntaram a essas três formas originais, que passam a ser consideradas boas, outras três, que seriam degeneradas das primeiras. Quais sejam: tirania, oligarquia e anarquia (democracia desregrada).

Ainda no pensamento antigo surge a preocupação de encontrar uma saída para evitar o ciclo natural da degeneração das boas em más formas de governo. Passa-se a considerar uma combinação de monarquia, aristocracia e democracia, com objetivo não só de evitar a degeneração, mas de buscar a perdurabilidade e o bom exercício do governo. A Constituição de Esparta, dotada por Licurgo, é o modelo original dessa combinação. Platão e Aristóteles se empenharam na busca da boa Constituição. Com eles, começa a surgir a teoria da Constituição mista – uma forma moderada e temperada de governo, buscando evitar os extremos e a degeneração, e garantir a perdurabilidade da boa Constituição no tempo.

Mas será na República de Roma que a ideia da boa Constituição atinge o ápice com a tripartição do poder: os dois cônsules, o Senado e os tribunos do povo. O Império Romano, preocupado em não se identificar com a monarquia, referida aos reinos orientais, e em preservar alguma ligação com a herança da tradição republicana, designará os mandatários supremos como príncipes e imperadores e não como monarcas. A instituição da *Lex Regia de Imperio*, a partir de Calígula (12 d.C. a 41 d.C.), pretendia não ab-rogar o princípio republicano da *res publica* como uma *rex populi*, mas formalizava um tácito consentimento do povo ao poder do imperador. Tudo o que o imperador viesse a fazer seria como se o povo o autorizasse. Tratava-se de uma alienação, de uma transferência, do poder soberano do povo à soberania do príncipe.

Maquiavel simplifica e reduz as formas de governo apresentadas pela filosofia política antiga e medieval. No lugar das seis formas – três boas e três degeneradas – ele arrola apenas duas: república e principado. Evidentemente, em cada uma delas existem variações internas. Por exemplo: os principados podem ser hereditários, novos ou mistos. Podem ser constitucionais ou não. Se não são constitucionais, assumem a configuração de tiranias. As repúblicas podem ser aristocráticas ou populares; podem ser geridas por conselhos grandes ou pequenos e podem ser repúblicas grandes ou pequenas, bem fundadas ou mal fundadas e degeneradas.

Se, a grosso modo, existem duas formas de organizar o Estado e o governo – o principado e a república – aqueles que vivem sob o principado estão acostumados à obediência e aqueles que vivem na república estão acostumados a uma vida livre, assinala Maquiavel no primeiro capítulo de O *Príncipe*. As instituições, as tradições, os costumes e tudo o que isto significa impõem determinações sobre as condutas e os valores das pessoas. Os líderes, quem comanda, quem governa e quem faz política precisam levar em conta essas determinações no seu agir.

Existem regras gerais do agir político derivadas da natureza humana e regras específicas desse agir segundo a natureza das instituições políticas e estatais, assim como das tradições, dos hábitos, dos costumes, da cultura e dos valores das sociedades que vivem abrigadas nessas ordens institucionais. Quem se predispõe a liderar, a lutar pelo poder e a exercê-lo precisa considerar as regras gerais da ação política e as regras específicas derivadas dos contextos sócio-históricos configurados nas especificidades das organizações institucionais, tradições, hábitos, culturas e valores da situação dada.

Por exemplo: liderar e lutar para conquistar o poder nos principados ou nas repúblicas implica em formas de agir específicos, concernentes às circunstâncias e conjunturas dadas. Uns e outras oferecem graus variados de dificuldades. As conquistas são levadas a efeito por algumas formas de tipologias gerais. Duas se destacam: 1) pela disponibilidade de forças militares (ou políticas) próprias; 2) pelo apoio de forças alheias – auxiliares ou mercenárias.

Quanto ao líder conquistador, também existem duas tipologias gerais: ele é um agraciado pela Deusa Fortuna ou ele é um líder de grande valor (*virtù*) próprio. Tanto na natureza das forças, quanto no tipo de líder não há nada de excludente. O líder de grande *virtù* pode ser também um protegido da Deusa. Como se verá mais adiante, geralmente, mas nem sempre, os líderes de grande *virtù* são também aqueles que mais atraem os benefícios da

Fortuna. Isto quer dizer: quanto mais valor e virtudes tiver o líder, maior será a chance de ele contar com os favores da sorte. Não se trata de um mero acaso. Todo líder portador de altas qualidades e capacidades em suas ações tende a fechar as portas para o advento do imprevisto e de eventos contingentes que possam dificultar a execução de sua estratégia.

Ainda no primeiro capítulo de *O Príncipe* é indicado que tanto a ação política quanto a militar requer uma análise não só das instituições e das estruturas, mas também da cultura política do país e do povo que são objetos dessa ação. De modo geral existem dois tipos de cultura política definidora das relações entre o povo e os governantes: uma, na qual ocorre o predomínio de relações mais autoritárias, na qual o povo está mais acostumado a obedecer, à passividade e, outra, na qual o povo exerce suas liberdades políticas de forma ativa, o que pressupõe organização e participação popular. Em se tratando da ascensão de um novo líder ou de conquista militar, essa cultura política e forma de relacionamento entre governantes e governados precisam ser consideradas nas estratégias a serem adotadas. Como se verá adiante é mais difícil manter o poder nas culturas em que os povos são livres, ativos e organizados, embora, muitas vezes, seja mais fácil conquistá-lo do que nos povos que vivem sob relações mais autoritárias. Mas, nestes, será mais fácil manter o poder conquistado. Claro que tanto nas culturas autoritárias quanto nas livres existem gradações de autoritarismo e de liberdades.

Como foi dito, da mesma forma que existem dois tipos gerais de cultura política existem também dois tipos gerais do modo ou condições de conquistar: ou se conquista com forças próprias ou se conquista com forças auxiliares, alheias, mercenárias. Aqui também há gradações: as forças próprias se definem pela hegemonia e predomínio das forças políticas ou militares fiéis ao líder em questão e organizadas e comandadas por ele. Já no caso contrário, as ações do conquistador são auxiliadas por forças maiores do que as suas ou, no mínimo, equipotentes, subordinadas a outro líder, partido ou Estado. Podem ser também forças mercenárias, a serviço do líder em questão por soldo, troca de apoio ou concessão de espaços de poder.

Maquiavel acrescenta que, na ação política, se pode contar com a *virtù* (valor próprio do líder) ou com a *fortuna* – a sorte. A *virtù* é inerente àquele que dispõe de forças próprias, mas um líder que não tem forças próprias suficientes também pode ser virtuoso. A *fortuna*, na sua dupla face – boa ou má – também pode acompanhar um ou outro, mas ela costuma favorecer mais o líder de *virtù*. O líder virtuoso, que conta com forças próprias e é favorecido pela *fortuna* tende a se manter no poder e a exercer um bom governo. E, ao contrário, o líder que vence sem forças próprias, contando apenas com o auxílio de outro poderoso ou com os favores da *fortuna*, tende a cair. Se conseguir se manter no poder ou na liderança de um partido fará um governo fraco e em crise e exercerá uma liderança fraca, enfraquecendo o Estado ou o partido.

3.2 Estruturas tradicionais e as conjunturas de conservação

Maquiavel abre o segundo capítulo de *O Príncipe* chamando a atenção para a força da tradição na legitimidade e na manutenção do poder. A legitimidade tradicional tende a conferir estabilidade ao governo que nela funda o seu poder. Trata-se da forma de governo monárquica e suas variantes, mas não exclusivamente. Em democracias, determinados partidos ou líderes podem estabelecer tipos de relações estáveis e perduráveis com os cidadãos que se caracterizam por vínculos de uma tradição, mesmo que necessite ser sempre legitimada pelo assentimento eleitoral. Esses partidos podem permanecer no poder por décadas seguidas e, em alguns casos, por mais de um século. Exemplos de partidos, na Era Moderna, que permaneceram por períodos de longa duração no poder são o Partido Operário Social-democrata da Suécia e o Partido Revolucionário Institucional do México.

A análise de Maquiavel sobre principados hereditários pode ser generalizada para a compreensão de Estados caracterizados pela perdurabilidade de um poder tradicional. Nesses Estados, onde o poder se legitima na tradição, mesmo que combinada com outras formas de legitimação, o governo age melhor quando se comporta segundo os costumes inerentes a essa tradição. Nos Estados estáveis, a tradição, a regularidade, os costumes, adquirem força de resiliência estabilizadora que resistente à inovação e à mudança. Mas, para que isto aconteça, são necessárias duas condições: ou o governo se mantém, fundamentalmente, pela força, ou o governo se mantém pelo consentimento, pela hegemonia, promovendo a satisfação dos governados em suas condições de vida. Pode haver, claro está, um equilíbrio entre os dois modos de agir, uma combinação de força e hegemonia ou gradações diversas dos dois modos de exercer o poder.

Em Estados estáveis, onde impera a força da tradição, a melhor forma de conduta do governante é a cautela. Isto é: o governante deve agir segundo as regras do *status quo*. Se mudanças se fazem necessárias, elas não podem ser abruptas e radicais ao ponto de agredirem os hábitos, de se chocarem e chocarem o senso comum e de perturbarem o bem-estar dos governados. Devem ser introduzidas paulatinamente e o governante deve ter a capacidade de persuadir os governados sobre a necessidade das mudanças, quando se trata de uma tradição fundada mais na hegemonia do que na força. A comunicação é essencial para que haja uma assimilação do significado das mudanças e das ações governamentais.

Quando um Estado está estabilizado sob a força de uma legitimidade tradicional, os costumes e a tradição conferem ao governante capacidade de resistência não só às forças externas, mas também às forças mudancistas internas. A tradição que perdura no tempo, habituando os governados a um determinado modo de proceder dos governantes, se constitui como força garantidora da estabilidade do Estado e do governo. Ela gera crença, confiança e credibilidade na situação existente, desde que haja a satisfação das necessidades essenciais do povo e a geração de bem-estar.

A fidelidade que nasce nos governados em relação ao Estado e ao governante emerge dessa perdurabilidade que satisfaz. Laços de confiança e fidelidade requerem perdurabilidade no tempo e são valores que exigem relações constituídas num tempo de longo prazo. Esses valores, no entanto, são via de mão dupla: os governantes não podem trair a confiança e a lealdade dos governados e não podem prejudicá-los nos direitos e no bem-estar. Se estas condições forem satisfeitas, os governados passam a se acomodar à tradição e temem as possíveis mudanças, pois estas geram incertezas e insegurança. Estabilidade, previsibilidade do futuro próximo e bem-estar são as condições essenciais que proporcionam nos governados a resiliência às mudanças e a fidelidade ao presente. A própria sociedade se torna uma estrutura resistente às mudanças abruptas e repentinas e tende a rejeitar líderes que as propõem. As pessoas preferem o conhecido ao desconhecido, pois este sempre provoca temor e insegurança. Qualquer líder ou força que queira mudar esta situação precisará levar em conta os desejos dos governados que querem previsibilidade, segurança e estabilidade.

Governar segundo as "mudanças dos tempos" significa que os governos cuja legitimidade se funda na tradição precisam estar constantemente atentos às exigências de mudanças necessárias produzidas pela caducidade que o tempo provoca em todas as coisas e situações. A corrupção, os vícios e a acomodação que tendem a se agregar a todos os governos produzem necessidades de inovações que surgem em todas as épocas e em todos os âmbitos de atividades.

Maquiavel acrescentará que o pressuposto do poder fundado na legitimidade tradicional se assenta na ideia de que o governante deve governar bem seus súditos, não os ofender com ações e medidas. Isto é: além do governante não possuir grandes vícios, "recrimináveis pela moralidade comum", algo que o tornaria odiado, ele deve conduzir-se de forma moderada e sensata, fatores que "o farão cada vez mais amado e estimado pelos governados".

Pode-se dizer assim que, em política, existem conjunturas de conservação definidas pela estabilidade política, econômica e social e pela satisfação do povo com o modo de governar e com os resultados da ação governamental. Mesmo em Estados democráticos, nos quais os governantes são escolhidos pelo voto, a tendência é a de que nessas conjunturas o governante se reeleja ou que o seu sucessor seja alguém de sua confiança, apoiado por ele e que expresse a ideia de continuidade. Programas e proposições mudancistas terão pouca penetração nesses casos. Um candidato oposicionista, para ter alguma chance de vencer, teria que propor: 1) mudanças moderadas e, 2) a manutenção das políticas e programas que são bem avaliados.

CAPÍTULO IV

CONJUNTURAS DE INOVAÇÃO E DE MUDANÇA

4.1 O modo de proceder na inovação

A inovação política é o cerne de *O Príncipe*. É um livro acerca da teoria da inovação. Os governados tendem a optar por mudanças com mais frequência em Estados mal fundados, mal governados e desorganizados, em situações em que não opera uma legitimidade tradicional estável ou onde não há uma hegemonia de longo prazo de uma força política. Estas situações surgem a partir da presença de várias determinações: pelos vícios e corrupção de uma situação tradicional, pela ausência de mudanças necessárias, por governos ou regimes caducos que não se atualizam, pela falta de liberdades do povo, pelas condições degradadas de vida deste e pelo seu mal-estar. São situações caracterizadas por crises prolongadas e permanentes, mesmo que existam pequenos períodos de melhora. Nestas situações, se não surgirem líderes virtuosos, com grande capacidade de comando e com forças próprias suficientes para garantir-lhe autonomia de ação, as próprias tentativas de mudança fracassam de forma recorrente.

O líder inovador precisa perceber as ocasiões favoráveis que se lhe oferecem para promover as mudanças. O desejo e a ânsia por mudanças, em regra geral, aparecem em momentos críticos, de crises prolongadas. Maquiavel indica que as pessoas querem as mudanças na crença e na esperança de que as coisas e a vida mudem para melhor. No passado, povos chegavam a apoiar forças externas para promovê-las, alimentados por essas esperanças. No nosso tempo apoiam partidos e candidatos que propõem mudanças de métodos e programas de governo ou no sistema político.

Nem sempre, contudo, as mudanças trazem as melhorias desejadas. Em muitos casos as coisas pioram com o novo governante, principalmente em se tratando de conquista militar, embora mudanças no comando político em democracias possam agravar crises existentes. Quando as mudanças são comandadas por líderes incompetentes, elas tendem a provocar prolongamento das crises no tempo.

As mudanças podem ter duas direções: progressivas ou regressivas. Na raiz dos desejos de mudanças estão o medo e a esperança em combinações variadas. Compreender e saber analisar e como jogar com esses dois sentimentos deve ser uma das principais capacidades dos líderes prudentes. As mudanças progressivas ocorrem em conjunturas nas quais a esperança prevalece sobre o medo, o futuro sobre o presente, a fantasia sobre o existente. Nessas conjunturas as excitações pelo novo são mais fortes do que a aversão ao risco. A expectativa de uma felicidade futura se impõe sobre os problemas e a infelicidade no presente.

As mudanças regressivas tendem a ocorrer em conjunturas em que o medo prevalece sobre a esperança, a conservação sobre a inovação, o certo sobre o desconhecido, a família e tradição sobre as mudanças nos costumes, a acomodação sobre o frenesi, a resignação sobre a revolução.

As mudanças progressivas adotam como modelos acontecimentos passados que representaram mais liberdade e mais progresso.

As mudanças regressivas adotam como modelos acontecimentos do passado que representaram a prevalência de valores conservadores, menos direitos e mais controle e dominação. As mudanças progressivas são mais propícias em ambientes de degradação social, de desorganização política em face da exploração e dominação exacerbadas das elites tradicionais. As mudanças regressivas ocorrem em conjunturas de colapso do sistema político vigente, de descrédito das instituições, de desmoralização do conjunto de forças políticas, incluindo aquelas que se apresentavam como forças inovadoras, de perda de legitimidade dos líderes e partidos e de crise geral de perspectivas. As mudanças regressivas visam conservar em termos econômicos e sociais e retroagir em termos de valores e costumes, e de garantia de liberdades e direitos.

A ascensão de uma força política nova, sem experiência, tende a piorar a vida das pessoas também num regime democrático. Normalmente, essa força prega mudanças que não consegue realizar, exasperando a ansiedade do povo para o advento delas. A não implementação de mudanças se traduz em frustração e, consequentemente, em maior dificuldade para governar. Uma força política nova só pode pregar mudanças radicais se dispor de força e autonomia suficiente para implementá-las. Mudanças abrangentes e manutenção do poder só se combinam se o governante dispõe de forças políticas ou militares próprias para garantir-lhe autonomia de ação. Se não dispõe desta condição, o melhor é propor mudanças paulatinas, incrementais.

O conquistador (líder ou partido político) que ascende ao poder precisa, na maior parte das vezes, para manter o Estado ou território conquistados e para garantir-se sem crises, praticar atos que contrariam os interesses e o bem-estar dos governados. Os antigos donos do poder serão inimigos do conquistador ou do novo governo porque perdem muito, indica Maquiavel. E o líder ascendente não poderá confiar inteiramente nos novos aliados porque não poderá satisfazê-los segundo as altas expectativas que eles alimentam.

O novo líder, ao mesmo tempo, não pode adotar medidas duras contra os que o apoiaram, pois tem uma dívida de gratidão para com eles e também porque não pode isolar-se no governo. Nessas circunstâncias, não basta apenas ter um exército ou um partido fortes e organizados. Para amenizar as dificuldades e para alcançar êxito na implantação das mudanças, o novo líder terá que contar com o apoio do povo. Por mais fortes que sejam um exército ou um partido, o líder inovador fracassará se não tiver apoio do povo. E para ter o apoio do povo terá que ter capacidade de convencimento acerca de seus propósitos e de suas causas. Desta forma, a comunicação e a capacidade persuasiva são condições necessárias para o êxito político. A comunicação e a persuasão devem demostrar que as dificuldades e sacrifícios presentes se tornarão benefícios no futuro.

Como regra geral, as mudanças na direção de um Estado – mudanças de orientação e de comando – que ocorrem, seja pelas armas, seja pelas urnas, como se disse, acontecem em momentos de crise. Esses momentos se traduzem em dificuldades para o novo governante estabilizar a situação e produzir resultados satisfatórios. Maquiavel nota que as mudanças produzem dificuldades e necessidades naturais e ordinárias de comando e de execução aos líderes e que, para superá-las, é preciso agir provocando sacrifícios aos interesses dos governados, seja com medidas fiscais duras, seja recorrendo às armas para contê-los quando for o caso.

As reformas e as inovações requerem medidas severas para reorganizar o Estado. Estas medidas podem penalizar vários setores da sociedade, criando, inclusive, um paradoxo com as expectativas positivas que o novo líder havia suscitado. Medidas dessa natureza são necessárias para que, mais adiante, o governante possa beneficiar os governados com um Estado saneado e capacitado a produzir boa governança. Quanto mais rápido e eficaz o governante for na execução das medidas saneadoras e inovadoras, mais cedo colherá os benefícios resultantes. Caso não vier a adotar as medidas, mais tempo demorará para produzir resultados satisfatórios e mais dificuldades enfrentará por conta da deterioração da situação. Esta pode se degradar de tal forma, restringindo a capacidade de governar ou provocando até mesmo a perda do poder em casos de crises severas e prolongadas.

Mas as medidas amargas não podem ser de tal ordem e grau a ponto de provocar a perda de todo o apoio. Maquiavel ensina que é preciso saber identificar quem serão os inimigos, quem ficará neutro e quem serão os aliados. Inimigos serão os antigos donos do poder, pois se ressentem pelas derrotas e pelas perdas de meios, mando e fontes de riqueza. Muitos dos que apoiaram as mudanças poderão ficar neutros, já que nem todos poderão ser satisfeitos em suas demandas e em suas expectativas. Neste caso, o governante deverá tentar satisfazê-los parcialmente, mas sem prejudicá-los.

Por outro lado, o governante inovador precisará buscar o apoio do povo: nenhum poder, militar ou político, se sustenta por si mesmo por mais poderoso que seja. Por isso, serão necessárias medidas para satisfazer o povo, ao menos parcialmente, e promessas de novos benefícios futuros. A parte mais significativa do povo, principalmente aquela que era prejudicada na situação anterior, terá que ser atendida imediatamente. Esta é uma regra geral para aqueles que pretendem estabilizar-se e manter-se no poder recém-conquistado.

Os apoiadores partidários mais próximos também terão que ser satisfeitos em alguma medida, ou na medida do possível, visando mantê-los fiéis e mobilizados, evitando deserções e até mesmo novas oposições. Maquiavel apresenta o caso do rei francês Luís XII que conquistou o ducado de Milão, governado por Ludovico Sforza, mas depois o perdeu porque os que o ajudaram a vencer não foram satisfeitos em suas expectativas.

Em caso de conquista, Maquiavel recomenda que o conquistador habite pessoalmente o território. Traduzindo para o caso da vitória política/eleitoral, o governante deve reunir-se e comunicar-se frequentemente com os diferentes setores do povo e precisa estar junto com aqueles que o elegeram e o apoiaram. Precisa ser assimilado por eles e, assimilando-os, criar uma identidade entre o governante e os governados. Esta identidade estabelecerá uma relação mais perdurável e estável atenuando as oscilações do governo, principalmente nos momentos de crises e de tensões.

Maquiavel diz que quando o governante está presente, habitando pessoalmente o território conquistado ou estando junto aos governados, fará "mais segura e mais durável a posse" do poder. Além disso, estando presente, poderá ver pessoalmente "o nascimento das desordens, podendo remediá-las rapidamente. Não estando, só se tomará conhecimento delas quando já são grandes e não terão mais remédios".[24]

A presença do governante junto aos governados cumpre várias funções. Como o próprio Maquiavel indica, trata-se de um ato de prudência, articulado com a prevenção. Além de dar-lhe uma satisfação direta, pode averiguar e controlar pessoalmente as dificuldades e problemas, adotando, com rapidez, as medidas necessárias. A demora na pronta resposta aos problemas é uma das principais causas da erosão de autoridade e poder e de perda de credibilidade no governo. Se o governante está distante dos governados e da realidade, as informações muitas vezes não chegam ou chegam falseadas, deturpadas, filtradas pelos interesses dos auxiliares.

A demora na adoção das soluções pode levar a uma situação insolúvel: os remédios não farão mais efeito. Em síntese: governar significa ficar em prontidão estratégica para enfrentar desafios, propor soluções e antecipar-se ao advento de novos problemas. Mas para isso, o próprio governante deve ter o controle das informações, informando-se diretamente junto à fonte originária e principal de seu poder, de sua estabilidade e de sua segurança: o povo.

---

24 MACHIAVELLI, Niccolò. *Tutte le opere storiche, politiche e letterarie*. Roma: Grandi Tascabini Economici Newton, 1998, p. 9.

Por mais virtuoso e criterioso que seja um governante na escolha de seus auxiliares não estará isento de ter entre seus ministros e assessores pessoas propensas à desonestidade e à corrupção, a enganar e espoliar o povo. Sempre existirão aqueles que procurarão burlar os preceitos e explorar situações que prejudicam os governados. Este controle, para além dos mecanismos legais, precisa ser feito pelo próprio governante, permanecendo junto ao povo e informado por este. A proximidade entre governante e povo consolida os vínculos da liderança e promove a satisfação dos governados pela acessibilidade que terão para com ele.

Com a presença recorrente do governante junto aos governados as duas chaves do poder, sempre ambivalentes – amor e temor – funcionarão com maior eficácia: os governados se sentirão amados por ele pelo apreço e dedicação que ele lhes devota e o temerão pela sua autoridade e competência. Ademais, um líder autenticamente popular será mais difícil não só de derrotar, mas também de atacar, pois seus inimigos temerão o povo.

No capítulo III de *O Príncipe* se indica que esta presença evita que os auxiliares prejudiquem o povo e evita ser atacado pelos inimigos internos e externos. Nos tempos modernos, contudo, com muita frequência, quando o líder ascende ao poder, faz o contrário da recomendação de Maquiavel: cria barreiras entre ele e o povo, interpõe guardas para garantir seu distanciamento, estabelece um fosso entre o palácio e a praça, busca o refúgio dos gabinetes.

4.2 A consolidação da hegemonia nos processos de conquista

Em se tratado de conquistas de territórios, Maquiavel recomenda criação de colônias nas áreas conquistadas, evitando uma ocupação militar ampla, que traria dois inconvenientes: proporcionaria altos custos e despertaria o ódio dos conquistados.

Com as colônias, os poucos prejudicados são aqueles que serão deslocados pela instalação delas. Isto quer dizer que, seja qual for a modalidade da conquista, o importante é alocar forças próprias nos pontos mais estratégicos, sem ocupar todo o espaço político ou militar disponível. A ocupação total, militar ou política, tende a isolar o governo, a despertar ódio e a despotencializar alianças.

A visão de Maquiavel é a de que o governante precisa exercer a hegemonia, a direção e o comando, combinando a disponibilidade e o uso de forças próprias com a formação de alianças e com concessões aos aliados. Assim, evita-se o exercício de um poder opressor, que leve ao descontentamento de muitas pessoas. A ocupação militar, além de elevados custos, normalmente se traduz em perdas. Pela sua natureza rude e opressiva, provoca sentimentos de afronta e de ódio, estimulando rebeliões. O mesmo descontentamento se percebe quando um partido ou um líder ocupa quase todo espaço político disponível. Termina isolado.

Na conquista deve-se enfraquecer e dispersar aqueles que dominavam antes, aqueles que têm condições de oferecer resistência e aqueles que podem retomar o poder, mantendo-os todos enfraquecidos, pois estes estarão sempre prontos a se rebelarem para retomar o que perderam. Devem ser enfraquecidos em sua capacidade de reagir, retirando-lhes os meios de ação, debilitando suas alianças e reduzindo sua força. A regra geral é: aliar-se sempre aos mais fracos e aos mais numerosos, sendo que os mais fracos são também os mais numerosos. Dispersos e enfraquecidos, os membros da antiga elite não atacarão e se atacarem suas fraquezas produzirão ataques débeis, pois como diz Maquiavel,

> se há que notar que os homens devem ser acariciados ou aniquilados, porque eles podem vingar-se das ofensas leves, mas não das ofensas graves. Assim, a ofensa que se deve

> fazer a um homem deve ser de tal modo que não se tema a sua vingança.[25]

O fato é que a vingança tem várias justificativas. Pode ser a vingança de despeitados ou de ofendidos, daqueles que sofreram agravos, seja pela violência, seja pela perda de posições de poder e bens materiais num processo de disputa de poder. A vingança é um desejo que se transforma em ação. Motivações da vingança: busca de reparação, castigo, indignação, justiça etc. A ação de vingança pode se traduzir em desdém, desprezo, violência, variadas formas de prejuízo e retaliação. Sendo o desejo de vingança inerente à natureza humana, o que Maquiavel sugere é que, na conquista, os inimigos sejam punidos ou dispersados de tal forma, com tal magnitude, que os desencorajem a tentar qualquer vingança. Normalmente, as pequenas injúrias, as pequenas ofensas, encorajam os ofendidos à vingança por suporem uma liderança fraca do conquistador ou do novo governante.

O líder pode e deve amar os novos governados, os conquistados, como eles querem. De modo geral, as pessoas se comprazem em se sentirem amadas e estimadas. Mas em outra passagem Maquiavel afirma que o líder deve "amar os homens como eles querem e se fazer temido como ele quer". Assim, o amor está inserido num jogo de poder e, por ser um vínculo frágil, ele deve ter como contrapartida o temor. O líder prudente deve cultivar sempre uma desconfiança calculada, não excessiva, para que não se torne intratável. O concedente do amor deve ser o líder e por conceder este sentimento pode ser retribuído sem nunca deixar de ser respeitado e temido.

A tese de Maquiavel é a de que, na conquista de territórios (e de espaços políticos de poder), deve-se prejudicar o menos possível

---

25 MACHIAVELLI, Niccolò. *Tutte le opere storiche, politiche e letterarie.* Roma: Grandi Tascabini Economici Newton, 1998, p. 9.

as pessoas em geral. Ele profere os seguintes conselhos quanto ao modo de proceder na conquista: 1) fazer-se chefe e defensor dos mais fracos. Em se tratando de conquista de território, defender os vizinhos externos mais fracos e liderá-los; 2) tratar de enfraquecer os mais fortes, sejam eles grupos internos ou vizinhos; 3) prevenir-se contra a entrada de uma terceira força equipotente à sua. No caso de conquista territorial, sempre existirão forças internas que agirão, motivadas pela ambição, para atrair o apoio de uma terceira força visando conquistar o poder. Este último procedimento foi adotado pelos etólios "ao trazerem os romanos para dentro da Grécia. Os romanos, em todas as outras províncias nas quais entraram, sempre o fizeram através do apelo de habitantes locais".[26]

A partir da conversibilidade política desta situação militar de conquista, pode-se dizer o seguinte: No mundo de hoje muitos políticos vencem eleições e chegam ao poder sem uma liderança autêntica, enraizada na sociedade ou em movimentos populares. Se este político quiser se transformar num líder de fato, precisa agir para isto, "fazendo-se chefe e defensor dos mais fracos". Precisa integrar-se numa atividade de construção e afirmação de sua liderança, tanto pela natureza e orientação de seu governo e das suas políticas públicas, quanto por uma ação política constante junto aos setores populares. Este político deve agir como se estivesse em campanha política permanente, convencendo e persuadindo as pessoas e se defendendo e atacando os inimigos.

A entrada de um novo pretendente a líder no cenário político (militar ou territorial) sempre atrai a atenção e o apoio de um grupo de poderosos que querem fortalecer mais o seu poder e suas posições. De modo geral, os grupos disponíveis são constituídos por ambiciosos e despeitados. Além disso, a novidade suscita esperanças, geralmente pueris, pois o seu alicerce é a novidade pela novidade. No entanto,

---

26 MACHIAVELLI, Niccolò. *Tutte le opere storiche, politiche e letterarie*. Roma: Grandi Tascabini Economici Newton, 1998, p. 9.

aquele que triunfa nessas circunstâncias se verá sempre envolvido pelas ambições dos poderosos que o acolheram. Se não tiver força própria – militar ou política – sucumbirá aos que o cercam e não conseguirá governar, podendo até mesmo cair. Ou seja: o forasteiro, o outsider contemporâneo, ou terá força própria ou sucumbirá.

Maquiavel mostra que os romanos tinham uma espécie de regras de ouro nas conquistas:

> Os romanos, nas províncias que conquistaram, observaram bem estes procedimentos: instalaram colônias, favoreceram os menos poderosos sem aumentar o seu poder, enfraqueceram os poderosos, e não deixaram que poderosos estrangeiros ganhassem reputação.[27]

A estratégia era perfeita. Resumindo aqui os modos de proceder na conquista então se tem que, antes de tudo, é preciso contar com forças próprias, fiéis e comprometidas, na ocupação dos espaços de poder. A instalação de colônias consolidava as forças próprias, tendo em vista que a mera ocupação militar é contraproducente política e militarmente. Em segundo lugar, o novo líder, o conquistador, deve aliar-se às forças secundárias existentes no ambiente da conquista, mas sempre cuidando para que elas não se fortaleçam e se tornem perigosas para ele. Se elas passarem a ter uma nova condição de poder e eram adversárias aos antigos líderes, tenderão a ser fiéis ao novo líder, desde que este saiba atendê-las e contê-las. Em terceiro lugar, o novo líder deve enfraquecer os poderosos, pois estes perdem com sua vitória e buscarão recuperar o poder. E, em quarto lugar, sempre é necessário agir para impedir que um terceiro líder, um líder ou uma força novos, ganhem reputação, ampliem suas forças, pois este se tornará um desafiante no próximo embate.

---

27 MACHIAVELLI, Niccolò. *Tutte le opere storiche, politiche e letterarie*. Roma: Grandi Tascabini Economici Newton, 1998, p. 10.

CAPÍTULO V

A PRUDÊNCIA NA CONQUISTA DO PODER

5.1 Os romanos como modelo de prudência

Os romanos foram, para Maquiavel, o exemplo mais elevado do uso da prudência como guia de suas ações na conquista e expansão de seu poderio. Diz:

> Os romanos fizeram nessas coisas tudo o que os príncipes sábios devem fazer: não se prevenir apenas contra as desordens atuais, mas também em relação às futuras, sabendo evitá-las com toda a diligência. Porque, prevenindo-se a tempo, a doença é curada facilmente; mas quando não há previdência, o remédio chega quando não há mais cura. Intervindo nesta, como dizem os médicos, a tísica é fácil de curar no seu início, mas difícil de percebê-la. Mas, com o passar do tempo, se torna fácil de reconhecê-la e difícil de curar. Assim acontece com as coisas do Estado: conhecendo os males de longe, o que não é dado senão aos homens prudentes, eles podem ser curados no seu início. Mas quando

> não são percebidos, se deixam crescer para que todos os conheçam, e então não haverá mais cura.[28]

Agir no presente tendo em vista o futuro e as consequências das ações, desta forma, é uma dimensão fundamental da prudência. É preciso considerar que as ações humanas sempre geram consequências, geralmente pouco controláveis e muitas vezes imprevistas. O líder deve agir visando gerar situações subsequentes previsíveis com o objetivo de deter graus significativos de controle sobre elas. Quanto mais acertar nas escolhas e na execução, quanto maior for a pertinência entre fins e meios, menores serão os graus de descontrole e de imprevisibilidade. Controlar as consequências das ações e reduzir o grau de imprevisibilidade facilita a manutenção do comando e da direção e limitará a ação da *fortuna*, do acaso e do imprevisto.

Para obter maior controle e reduzir os imprevistos, o líder deve considerar também as possíveis e as efetivas ações dos outros atores e suas prováveis consequências. Na medida em que a ação política está sempre imersa na interação das múltiplas ações de vários sujeitos, essas ações interferem no curso que o líder pretende imprimir aos acontecimentos. Governar e liderar implica também ter a capacidade de influenciar as escolhas e as ações dos outros atores – sejam eles aliados ou inimigos. Persuasão e a utilização de meios variados de constrangimento são formas de influenciar escolhas de aliados e inimigos.

A prontidão e o providencialismo para manter o poder, ditames da prudência, são condições de êxito e precauções necessárias para evitar que o bem presente se transforme em mal futuro. Prevenir-se e antecipar-se em relação a males futuros é a forma de reduzir a imprevisibilidade acerca do curso dos acontecimentos.

---

28 MACHIAVELLI, Niccolò. *Tutte le opere storiche, politiche e letterarie*. Roma: Grandi Tascabini Economici Newton, 1998, p. 10.

Os líderes imprudentes são imprevidentes, desleixados e indolentes e se deixarão tragar pelos problemas. Só os perceberão quando já não há mais soluções disponíveis, indica Maquiavel. Detectar os problemas no seu início também é um ditame da prudência que possibilita a adoção mais eficaz de medidas para debelá-los.

Adotar, sempre que possível, estratégias ofensivas e agir para controlar o tempo também são exigências fundamentais da prudência. A teoria da liderança de Maquiavel é consistente com a ideia de que o líder, o poderoso, quem comanda, deve guiar-se por uma estratégia ofensiva para que ele possa ter o controle da situação. Diz:

> Os romanos, vendo de longe os inconvenientes, os remediavam sempre, e não os deixavam seguir a pretexto de evitar uma guerra, porque sabiam que uma guerra não pode ser evitada, mas traz vantagem a quem a deflagra.[29]

Essa diretriz estratégica dos romanos, de assumir a iniciativa da guerra que se apresentava como inevitável, buscava equacionar dois problemas: 1) evitar que ela fosse travada no próprio território (a Itália), o que sempre provoca sofrimentos inauditos aos povos que a sofrem; 2) antecipar-se ao tempo e não simplesmente contar com o seu benefício. Este segundo ponto é essencial do ponto de vista da prudência, pois o tempo tende a acumular e a agravar os problemas e sua natureza é ruinosa.

Mas até o século segundo antes de Cristo, quando Roma foi assumindo as características de uma república imperial, os romanos faziam fundamentalmente guerras defensivas, pois as consideravam justas. Guerras evitáveis deveriam ser evitadas. O maior exemplo disso foi o do general Marco Fúrio Camilo (446

---

29 MACHIAVELLI, Niccolò. *Tutte le opere storiche, politiche e letterarie*. Roma: Grandi Tascabini Economici Newton, 1998, p. 10.

a. C. a 365 a.C.), um dos comandantes mais virtuosos de todos os tempos. Ao sitiar a cidade Falérios foi surpreendido pelo ato de traição de um professor dessa cidade que lhe entregou um grande número de crianças para forçar que a cidade se rendesse. Indignado, Camilo mandou que as crianças chicoteassem o professor e as devolveu à cidade. Diante da situação criada, o comandante romano se recusou a atacar Falérios e propôs um acordo para que a cidade pagasse um tributo e se tornasse aliada de Roma. Para ele as guerras eram "coisas terríveis que arrastam atrás de si injustiças e violências sem fim".

Quem lidera precisa considerar que o tempo exerce uma ação erosiva sobre todas as coisas, principalmente as coisas humanas. Sabedor dessa natureza do tempo, Maquiavel, com base na experiência romana, preconiza uma estratégia para contornar esses efeitos danosos, ao menos temporariamente. Trata-se de numa estratégia de antecipação, de uma estratégia de ganhar tempo. Os políticos do tempo de Maquiavel, especialmente os florentinos, buscavam abrigar-se nos benefícios do tempo na crença de que este resolveria os problemas. Mas, como o tempo leva adiante todos os problemas, é necessário agir com *virtù e prudenza* evitando que o tempo transforme o bem em mal. Como o tempo, no seu curso espontâneo, pode transformar o bem em mal e o mal em bem é preciso escolher. O líder virtuoso não pode confiar no benefício do tempo, mas no benefício da "*virtù e prudenza*". A questão é: o líder precisa estar no controle e no comando das ações e precisa deter a prerrogativa da iniciativa.

O líder deve ter a capacidade para antever as tendências do futuro, as boas oportunidades dos momentos e os grandes riscos, e agir no presente para potencializar as oportunidades e evitar ou reduzir os riscos. Na ação política (assim como em várias outras atividades) sempre é prudente incorporar elementos estratégicos de redução de danos, já que o ótimo não existe. É certo que o futuro, principalmente no âmbito da ação política, tem elevado grau de imprevisibilidade. A prudência manda perscrutá-lo, indagá-lo, e adotar medidas de controle antecipativo visando torná-lo menos incerto e lançar raios de luz sobre densa neblina em que está envolto.

Todo líder político, todo estadista, deve saber que a guerra e diversas outras formas de conflito são constantes da história humana, são inerentes à natureza humana. Filósofos políticos – Hobbes em destaque – afirmaram que a guerra não é apenas o momento da batalha, mas também a disposição de travar a batalha. Quando as nações não estão envolvidas em batalhas se preparam para elas. Por isto, o líder deve estar sempre pronto, no sentido de prontidão, para travar batalhas militares ou políticas.

Preparar-se para as guerras e para os conflitos também é um dever moral – dever que decorre das mesmas razões do dever de liderar. Afinal de contas, apesar de exceções, o dito romano "*si vis pacem, para bellum*", ainda não foi desmentido como regra na história. Se alguém se considera melhor e mais preparado para comandar e governar tem o dever de se preparar para a guerra e para batalhas políticas, pois se não o fizer não conquistará ou não manterá o poder e, outros, que podem ser maus, terão mais possibilidade de conquistar o poder ou de provocar danos a uma ordem estabelecida.

Como já foi visto acima, para Maquiavel, o desejo de poder é algo natural nos seres humanos. Mas este desejo, que no caso aparece como um fim para quem lidera, precisa ser dimensionado pelos meios. O poder é um fim que precisa vincular-se a algo que está para além dele. Precisa vincular-se a outros fins e, de alguma forma, precisa ser transformado em meio. Assim, ele é um fim que se transforma em meio. Tem uma dupla natureza: é um meio-fim ou um fim-meio.

Mas enquanto um desejo, enquanto um fim, o sujeito que o busca precisa dispor de meios adequados para conquistá-lo. Para ser exercido, também necessita de meios de mediação – materiais e imateriais. Se o sujeito os tiver, poderá agir. Se não os tiver, a prudência recomenda a abstenção. Os meios de conquista são sempre combinações de meios morais e materiais. Uns sem os outros geram impotência e fracasso ou a perversão e o crime. A conquista do poder por meios apenas materiais não confere a legitimidade necessária ao poderoso. Ademais, este tipo de conquista pode se traduzir violência gratuita, em assassínio, corrupção, engodo e fraude. Em circunstâncias extraordinárias, o poder apenas moral, pode triunfar. Mas para se manter precisará de meios materiais.

Se o poder é um desejo natural, a sua conquista não o é. Sua conquista depende da prudência, da ocasião, dos meios e do cálculo. É isto o que Maquiavel quer dizer na seguinte passagem de *O Príncipe*:

> É uma coisa muito natural e comum o desejo de conquistar: e sempre, quando os homens o fazem, se podem, serão elogiados e não reprovados. Mas, quando não é possível e eles querem conquistar de qualquer maneira, aqui está o erro e a culpa.[30]

O outro aspecto da tese de Maquiavel diz respeito ao fato de que quem não tem as condições morais, materiais e de força para conquistar, não deve se lançar a esses empreendimentos. Aqueles que se lançam à conquista sem dispor dos meios e capacidades necessários, geralmente fracassam e, além de fracassar, comentem erros, quando não crimes. Todo líder ou todo poder constituído deve avaliar suas forças, suas condições, suas aptidões morais para saber se pode lançar-se aos empreendimentos de conquista. Maquiavel, por exemplo, chama atenção para o fato de que a República de Roma tinha se desenvolvido como um poder apto a conquistar e a expandir-se. Dispunha de pessoas, meios, território e de conflito interno que precisava ser regulado pela expansão externa.

---

30 MACHIAVELLI, Niccolò. *Tutte le opere storiche, politiche e letterarie*. Roma: Grandi Tascabini Economici Newton, 1998, p. 11.

O contraponto a Roma era Esparta, uma cidade pequena, com população reduzida, com forte unidade interna, voltada para garantir a sua segurança. Ao lançar-se a guerras de conquista, como foi o caso da guerra do Peloponeso, embora tenha vencido Atenas e seus aliados, terminou por perder os domínios conquistados, pois carecia das condições, dos meios e da vocação para conquistar.

Não basta ter os meios de conquista e de expansão. É preciso ter as virtudes morais para comandar e decidir de acordo com as necessidades ditadas pelas circunstâncias. O líder prudente precisa ter também uma capacidade inventiva, inovativa, apta a gerar circunstâncias que lhes sejam favoráveis. Maquiavel adota o exemplo de Luís XII, rei da França, para mostrar o caso de quem não tinha as qualidades morais necessárias para comandar e decidir segundo as regras necessárias para conquistar e manter o poder.

Luís XII teria cometido cinco erros inescusáveis em suas ações na Itália: "negligenciou os menos poderosos; aumentou, na Itália, o poder de um poderoso; introduziu nela um forasteiro poderosíssimo; não foi habitá-la e nela não instalou colônias".[31] Isto é: além de não adotar as duas últimas medidas, fortaleceu a Igreja que já era forte e fez entrar a Espanha na Itália que era uma força muito poderosa.

Mesmo com esses erros, a situação era remediável. Mas o rei cometeu um sexto erro fatal: apoderou-se do território dos venezianos, enfraquecendo-os e deixando-os à mercê da Igreja e da Espanha. Só seria razoável atacar os venezianos se a Igreja não fosse forte e se a Espanha não tivesse se intrometido nos negócios internos da Itália. Segundo Maquiavel, ao atacar os venezianos, os franceses romperam uma espécie de equilíbrio. Com os venezianos fortes, nenhum outro poderoso atacaria a Lombardia, pois ela estaria protegida. E se alguém a atacasse jamais cogitaria tirá-la

---

31 MACHIAVELLI, Niccolò. *Tutte le opere storiche, politiche e letterarie*. Roma: Grandi Tascabini Economici Newton, 1998, p. 11.

dos franceses para que ela fosse entregue aos venezianos. Mas o ataque à Lombardia por outro poderoso seria improvável, pois teria que enfrentar os venezianos e os franceses ao mesmo tempo.

A história é a seguinte: Luís XII costurou a Liga de Cambrai (Cambraia) unindo-se a Fernando II de Aragão, ao papa Júlio II, a Maximiliano do Sacro Império Romano Germânico, além da Inglaterra, Hungria, Savoia, Ferrara, Mântua e Florença para atacar os venezianos em 1509, que foram derrotados. Dois anos depois, o papa, sentindo o crescimento do poder do rei francês, mudou de lado aliando-se aos venezianos e a outros Estados europeus formando a Liga Santa contra a França, que foi derrotada. Mas, três anos depois, os venezianos se aliaram aos franceses e conseguiram derrotar a Liga Santa, restabelecendo a influência francesa no norte da Itália. Este último episódio, contudo, não apaga os erros de Luís XII.

Então, o que se deve aprender dessas reviravoltas no início do século XVI, na Itália, é o seguinte: em todo contexto de poder é preciso cuidar das relações de equilíbrio. Ao enfraquecer ou derrotar determinada força, pode-se abrir o caminho para a própria derrota, pois aquela força servia como fator de equilíbrio e de contenção de algum poderoso. Assim, além dos cuidados com o jogo do equilíbrio, no qual se deve levar em conta a correlação de forças dos aliados e dos inimigos, há que se considerar: 1) Nunca descuidar das forças menos poderosas, buscando manter sempre a influência sobre elas, atendendo as suas demandas legítimas de forma razoável e satisfatória; 2) Nunca agir para aumentar o poder de um poderoso que possa te confrontar, tirar o teu poder e querer o poder para si. Este poderoso, inclusive, poderá se tornar um centro de atração das forças menos poderosas, principalmente se as demandas destas não estão sendo atendidas; 3) Não introduzir, no âmbito da tua atuação e do teu exercício de poder (territorial ou político), uma terceira força poderosa da qual você possa depender. Essa força, passado o momento inicial, ambicionará o teu poder. A tese de Maquiavel é a de que um líder ou uma força militar ou política, deve se aliar, como regra, a forças sempre menores do que a sua própria. Deve se aliar a forças que tenha condições de dirigi-las e liderá-las; 4) Por último, o líder deve instalar nos pontos estratégicos, forças próprias suas. Essa ocupação do espaço político ou territorial deve ser feita de tal forma que não seja um assalto militar ou político. Trata-se de uma construção que vise exercer a direção política (hegemonia nos termos de Gramsci) em relação às forças menores e, principalmente, para liderar os segmentos sociais e populacionais mais necessitados, atendendo-os e governando em seu favor. Esse estabelecimento de direção e liderança deve se constituir também em força estocada para a necessidade de usar instrumentos de persuasão e dissuasão.

A partir da observação do fato empírico de que a França foi a causa do fortalecimento da Igreja e da Espanha na Itália e que isto provocou a perda de poder e influência francesa no norte da Itália, Maquiavel assenta, no Capítulo III de *O Príncipe*, a seguinte regra geral que, segundo ele, raramente falha: Alguém que tem poder não deve ser causa do aumento do poder de outro líder ou Estado, pois isto poderá provocar a sua ruína. O aumento deste poder é causado ou por força ou por astúcia. Para o novo poderoso, essas duas coisas sempre serão suspeitas e ele agirá para arruinar quem o promoveu. Quem tem poder sempre irá querer expandi-lo e será capaz de encontrar um pretexto para enfraquecer aquele que o ajudou a ascender.

5.2 As tipologias dos governos autocráticos

Ao analisar a facilidade com que Alexandre o Grande e seus sucessores mantiveram o reino de Dario, mesmo depois da morte do conquistador macedônico, Maquiavel indica que existem dois tipos gerais de governos autocráticos: um, designado por ele de tipo turco, e outro de tipo francês – referências aos tipos de principados que existiam no Oriente e na França de seu tempo. O governo autocrático de tipo turco se caracteriza por um poder monolítico, concentrado nas mãos do governante que governa com um corpo de auxiliares que são seus funcionários e, de modo geral, não representam setores diversos da sociedade.

No governo autocrático de tipo francês, ao contrário, o autocrata (rei, príncipe, ditador) compartilha o poder com setores econômica e socialmente organizados da sociedade. No caso francês, o rei compartilhava o poder com a nobreza. No modelo turco, aqueles que têm poder o têm por conta da concessão do príncipe. No modelo francês, aqueles que têm poder o têm pela sua importância e relativa autonomia social e econômica, geralmente consolidada por uma tradição. No primeiro modelo, o autocrata propende a um poder absoluto. Isto não significa que o autocrata não possa distribuir privilégios e conceder poder a determinados grupos. Mas é ele quem concede e retira poder, favores e privilégios. No segundo, o poder é dividido com uma elite que goza de privilégios políticos e sociais, e há uma tensão entre os interesses do autocrata e os interesses da elite.

Nos Estados de tipo turco, de acordo com Maquiavel, seria mais difícil conquistar o poder, mas, depois de conquistado, seria mais fácil mantê-lo. Nos Estados de tipo francês, seria mais fácil conquistar o poder, mas mais difícil mantê-lo. No primeiro caso, desaparecidos o chefe do governo e a alta burocracia, o povo obedecerá a nova liderança, pois está acostumado a obedecer. No segundo caso, a elite quer mais poder. Por isso, muitas vezes, conspira para derrubar o autocrata e, ao menos parte dela, não se satisfará com o poder que ganhará no novo governo.

Aplicando a lógica da reversão da situação militar para a situação política à tese de Maquiavel acerca dos dois tipos de autocracias, pode-se estabelecer também duas tipologias gerais de modelos de repúblicas ou democracias: 1) Em repúblicas democráticas mais unitárias e mais iguais – geralmente Estados pequenos – é mais fácil exercer o poder, mesmo que ocorram alternâncias de líderes e partidos. Estas sociedades têm consensos básicos mais sólidos e menos conflitos internos. O Estado é mais compacto e universalizante na prestação de serviços e na garantia de direitos e os dissensos são mais tênues; 2) Em repúblicas democráticas mais heterogêneas e mais desiguais – Estados grandes e federados – é mais difícil governar, a situação é mais instável, os interesses mais dispersos e consensos básicos são mais precários. Os dissensos e conflitos são mais agudos. Essas repúblicas só se estabilizam e perduram se conseguirem arquitetar equilíbrios internos entre as partes e se forem capazes de regular os conflitos distributivos pela expansão externa, seja ela militar, seja comercial e econômica. Este é um dos temas centrais dos *Discorsi*. A Roma republicana antiga é o exemplo paradigmático desse modelo. No nosso tempo, os Estados Unidos representam este modelo. Repúblicas deste tipo geralmente enfrentam crises de declínio quando duas situações, coexistentes no tempo, se estabelecem: quando escasseiam as capacidades de expansão e quando se rompem os equilíbrios internos.

Voltando ao caso da conquista do reino Dario por Alexandre, o que Alexandre e as monarquias helenísticas conseguiram fazer após a morte deste e a divisão do império, consistiu em apagar a memória dos antigos senhores orientais. O mesmo aconteceu com várias conquistas romanas. Quando os romanos, por exemplo, conquistaram as Gálias, a Espanha e a Grécia, enfrentaram inúmeras rebeliões enquanto persistiu nos conquistados a memória dos antigos líderes e das antigas liberdades. Uma vez estas apagadas, a soberania romana se consolidou. A extinção da memória dos antigos senhores do poder (antigos governantes e líderes) pode ocorrer de duas formas: 1) pelo medo, proporcionado pela violência e ou pelos expurgos; 2) pelo poder inovativo, transformador e pela ampliação das liberdades em relação ao período anterior patrocinados pelo novo governo, que deve agir pelas regras que caracterizam o novo príncipe.

5.3 O proceder na conquista do poder em Estados livres

Ao estudar a história, Maquiavel percebeu que existem três modos de conservar o poder em Estados conquistados que antes eram livres:

> o primeiro, arruiná-los; o outro, ir pessoalmente habitá-los; e o terceiro, deixar que seus habitantes vivam segundo as leis locais que os regiam anteriormente à ocupação, arrecadando-lhes tributos e criando ali um governo de poucos de modo que esses poucos se conservem aliados.[32]

Esse governo de poucos deve ser criado pelo conquistador ao qual estará submetido, sabendo que cairá se o líder conquistador cair. Desta forma, agirão para manter a sua posição, observa Maquiavel. Aparentemente, esta seria a forma mais adequada para manter o poder sobre cidades livres.

Os espartanos, ao conquistarem Atenas e Tebas na Guerra do Peloponeso, instauraram governos locais subordinados e aliados a Esparta e as perderam. Os romanos conquistaram as repúblicas de Cápua, Cartago e Numância, arrasando-as e não as perderam. Tentaram manter livres cidades gregas conquistadas e estas promoveram várias rebeliões para se libertarem do domínio romano. Roma só consolidou o poder quando as arruinou.

Maquiavel sustenta que aquele que conquistar uma cidade livre e não a arruinar, será destruído por ela, pois esta fará das liberdades antigas bandeiras da rebelião. Nem o tempo e nem os benefícios recebidos apagam da memória dos povos livres as suas antigas liberdades. Basta qualquer incidente para que a bandeira da rebelião seja empunhada.

---

32 MACHIAVELLI, Niccolò. *Tutte le opere storiche, politiche e letterarie*. Roma: Grandi Tascabini Economici Newton, 1998, p. 14.

O contrário sucede quando se conquista um Estado acostumado a obedecer a um príncipe. Extirpada a família deste, os habitantes, acostumados a obedecer, não se rebelarão contra o conquistador. Povos que não vivem sob condições de liberdade são pouco afeitos a tomar em armas e lutar pela sua liberdade. Conclui Maquiavel:

> Mas nas repúblicas, há mais vida, maior ódio e mais desejo de vingança; os povos livres não deixam e nem podem deixar adormecer a memória da antiga liberdade. Desta forma, o caminho mais seguro para conservar o poder sobre uma república conquistada é extingui-la ou ir habitá-la.[33]

Os povos submissos não alimentam ideais, não têm memória da liberdade e, por isso, são menos suscetíveis a revoltas. Para que eles se libertem será necessário a intervenção e o comando de um grande líder, de um libertador, de um fundador, a exemplo de Moisés ou de Ciro. Este terá que ser capaz de perceber a ocasião que a *fortuna* lhe oferece. E terá que ter capacidades e meios extraordinários para convencer e persuadir. Mesmo em repúblicas mal fundadas, onde o povo é pouco ativo e não participa do governo ou do seu controle e não vive plenamente as condições de liberdade, será necessária a intervenção de líderes de grande *virtù* para que este povo seja capaz de refundar o Estado e atualizar a sua liberdade.

Os povos livres são movidos pela convicção dos benefícios da liberdade e, por isto, são mais inclinados à virtude da coragem e do combate para defendê-la. Odeiam os que a suprimem e querem a vingança para puni-los e resgatar a liberdade. A vingança não é o oposto da justiça. O oposto da justiça é a injustiça. A vingança pode ser um conduto para a justiça quando é justificada.

---

33 MACHIAVELLI, Niccolò. *Tutte le opere storiche, politiche e letterarie*. Roma: Grandi Tascabini Economici Newton, 1998, p. 14.

Em termos políticos é preciso considerar que quando se conquista o governo, mesmo pela via eleitoral, é preciso desarticular as estruturas de poder do antigo governante e do seu partido quando este é o inimigo, preservando apenas os quadros técnicos. Isto é necessário para que não haja sabotagens e também para bloquear a reconstrução do poder do inimigo. Astuciosamente, contudo, o novo governante poderá conservar alguns indivíduos aliados ao antigo governante se forem excepcionalmente competentes. Como Maquiavel indica em várias passagens, esses indivíduos poderão se transformar em aliados muito fiéis e devotados ao novo governo.

CAPÍTULO VI

A FUNDAÇÃO DA NOVA ORDEM

6.1 A estratégia de ganhar tempo

As ações de um novo príncipe e a construção de um Estado novo não devem se caracterizar por movimentos aventureiros rumo ao desconhecido e ao incerto. A inovação deve ancorar-se em algo concreto, sólido e prático. Esta âncora é fornecida pela história empírica, pelos grandes acontecimentos do passado e pelas ações excelentes e exemplares dos grandes líderes e heróis. Diz Maquiavel:

> Porque, caminhando os homens sempre por caminhos percorridos por outros e procedendo eles nas ações com imitações, mesmo não podendo imitar em tudo e ter as virtudes daqueles que se imita, deve um homem prudente caminhar sempre nos caminhos abertos pelos grandes homens e imitar aqueles que foram excelentíssimos.[34]

---

34 MACHIAVELLI, Niccolò. *Tutte le opere storiche, politiche e letterarie.* Roma: Grandi Tascabini Economici Newton, 1998, p. 14.

Adotar este critério como guia de conduta para se obter o êxito deve ser um ditame do líder prudente. Esta passagem do sexto capítulo de O *Príncipe* está imbricada com duas questões cruciais da teoria maquiaveliana: a da constância da natureza humana e a do domínio do tempo. Dada a constância da natureza humana, os humanos podem agir de forma assemelhada em situações semelhantes. Atos semelhantes também tendem a provocar reações emocionais e sentimentos semelhantes. Assim, um ato de violência brutal e injustificada tende a motivar repulsa, ódio, desejo de vingança e de justiça. Ações semelhantes, em regra, provocam reações semelhantes, tanto nas relações entre indivíduos, quanto entre Estados; tanto na guerra, quanto na paz. Desta forma, estudar a história e as ações dos grandes líderes possibilita extrair lições tanto negativas, quanto positivas. As primeiras ensinam a evitar determinadas ações e condutas que tendem a conduzir a derrotas. As segundas mostram caminhos que, se imitados, mesmo em circunstâncias diferentes, podem conduzir a vitórias. Assim, estudar a história e as ações dos grandes líderes e imitá-los, sempre que for possível, é um ato de prudência.

A segunda questão diz respeito ao tempo, no seguinte sentido: Aprender com a experiência dos outros se inscreve na estratégia de ganhar tempo. Se alguém aprendesse puramente com a sua própria experiência demoraria anos para tornar-se um líder competente, prudente e eficaz. Ao aprender com a experiência dos outros se ganha tempo, pois esta pode ser assimilada de forma condensada no tempo. Caso contrário, um líder só seria sábio e prudente quanto se tornasse ancião.

Os líderes combativos e viris são jovens, porém inexperientes e imprudentes. Ao adotarem os exemplos e a vida dos grandes líderes do passado como modelos e, ao estudarem suas ações visando extrair lições de conduta, eles podem se tornar líderes virtuosos e prudentes ainda enquanto jovens, lapidando a sua coragem e a sua virilidade. Daí que os jovens que querem ser líderes precisam de Centauros Quirons como preceptores.

A formação do líder precisa ser teórica e prática ao mesmo tempo, precisa ser técnica e intuitiva, precisa ser emotiva e racional. Somente assim se pode agregar a prudência e a coragem e toda a *virtù* necessária ao exercício da liderança. Aquele que se forma só na teoria poderá ter uma liderança insubsistente. E o líder apenas prático poderá não desenvolver toda a sua potência que o estudo da história, das ações e das estratégias do passado poderia lhe dar.

6.2 A preeminência da *virtù* e do valor próprio

O líder, preferencialmente, deve contar com sua *virtù* e com a *fortuna* para conquistar e manter o poder. Um novo príncipe conquista o poder devido "à *virtù* ou *fortuna*" ou a ambas, dirá Maquiavel. Ele admite que qualquer uma das duas pode abrandar as dificuldades de manutenção do poder em um principado novo. Mas acrescenta que o príncipe que se apoia mais em seu próprio valor, na sua *virtù*, consegue manter-se no poder com mais facilidade e por maior tempo.

A principal diferença entre aqueles que conquistam o poder pelo valor próprio e aqueles que o conquistam pela sorte, pela mão de outro ou pela demagogia, consiste em que os primeiros aprenderam a arte de comandar, seja do ponto de vista militar ou político. Isto é, construíram a sua liderança em segmentos sociais significativos antes da chegada ao poder ou comandaram exércitos nos campos de batalha.

O exercício da liderança exige capacidades e virtudes específicas, que se testam e lapidam pela experiência prática. Muitos líderes as desenvolvem ao longo do tempo através da ação prática, combinada com a preparação intelectual, com o estudo da história. Outros, de grande gênio e de sólida formação, a exemplo de Alexandre o Grande (356 a.C. a 323 a.C.), se tornam líderes ainda na juventude. É certo que Alexandre herdou o poder consolidado por Felipe II (382 a.C. a 336 a.C.). Mas, num ambiente em que líderes eram constantemente assassinados por seus sucessores, Alexandre não teria sobrevivido se não tivesse grande capacidade de comando, vasto conhecimento da história, extraordinária formação teórica e domínio da arte militar. Sem tudo isso, não teria conseguido impor seu comando aos generais macedônicos que tinham larga experiência nos campos de batalha.

Maquiavel adota quatro tipos de líderes, seus heróis, como exemplos de quem alcançou o poder mais pelos seus atributos e virtudes do que pela sorte: Moisés, Ciro, Teseu e Rômulo. Ele sugere que é até temerário discutir o caso de Moisés por ter tido Deus como preceptor de suas ações. Moisés seria admirável pela graça com que se fez executor das estratégias divinas. Do ponto de vista histórico, Moisés, antes de ser líder dos hebreus, foi um dos mais importantes, senão o mais importante, general e conselheiro de um faraó. Era um experimentado líder, mesmo considerando que muitos dos relatos do Livro do Êxodo não encontram respaldo nos estudos históricos e arqueológicos.

Se Moisés teve na suposta escravidão dos israelitas no Egito a ocasião para agir, Ciro, filho de pai persa e da filha do rei medo Astíages, encontrou na dominação e exploração dos medos sobre os persas o motivo para se rebelar. Educado para liderar, conquistou os vastos domínios medos e, a partir daí, fundou o Império Persa agindo como um grande conquistador. Ciro conquistou pela arte militar, mas dominou pela arte política: generoso para com os povos derrotados, em muitos casos apareceu mais como libertador do que como dominador. Foi assim com os hebreus e com os fenícios. Incorporou vários inimigos derrotados a postos administrativos e militares de seu governo imperial. Permitiu que povos conquistados vivessem com governos próprios, com suas leis próprias e com suas religiões. Muitos povos passaram a ter mais liberdade sob o império de Ciro do que sob os seus antigos governantes nativos. A combinação da sabedoria militar com a sabedoria política permitiu-lhe dominar vastas regiões – da Anatólia ao Afeganistão, da Arábia ao Cáucaso – agregando uma multiplicidade de povos.

Rômulo foi abandonado ao nascer, se forjou como salteador comandando bandos, tomou Alba usurpada pelo seu tio Amúlio para libertar seu irmão Remo e devolvê-la ao seu avô Numitor. Fundou Roma comandando indesejáveis e criminosos, mas matou seu irmão gêmeo numa briga por desavenças sobre a fundação da cidade. Como primeiro rei de Roma, a fortaleceu e a expandiu em toda a região do Lácio. Teseu, antes de chegar a Atenas, tomá-la e reorganizá-la, passou por várias cidades onde travou muitas batalhas, forjando-se como líder. Quer dizer: o valor próprio dos heróis de Maquiavel foi forjado e lapidado na prática, circunstância que lhes permitiu efetuar grandes feitos, extraordinárias ações, que os tornaram imortais na história.

De qualquer forma, os quatro heróis tiveram da *fortuna* apenas a oportunidade, a ocasião, que lhes proporcionou as circunstâncias para que cada um demonstrasse suas habilidades e virtudes. Maquiavel acrescenta que sem essas habilidades e virtudes, as oportunidades seriam desperdiçadas. Para que o valor próprio e a *virtù* dos grandes líderes se revelem, eles precisam ter a pertinência de perceber as ocasiões, pois, muitas vezes, essas se oferecem sem que líderes (incompetentes) as percebam.

6.3 As regras da inovação

Maquiavel nota que aqueles que alcançam o poder procedendo como os seus quatro heróis, agindo com *virtù*, o conquistam com dificuldade, mas o mantêm com facilidade. As dificuldades maiores advêm na introdução de uma nova ordem e de novos costumes, necessários à fundação de um novo Estado (ou da reforma dele) e para assegurar o poder e o comando deste Estado. Adverte:

> E deve-se considerar que não há coisa mais difícil de tratar, nem de êxito mais duvidoso, nem mais perigoso de manejar do que tornar-se líder e introduzir uma nova ordem. O reformador tem como inimigos todos aqueles que

> eram beneficiários da velha ordem, e tem como defensores tíbios todos aqueles a quem a nova ordem beneficia. Parte desta tibieza nasce do medo em relação aos adversários que se viam favorecidos pelas antigas leis; e parte se deve à incredulidade dos homens, porque eles não acreditam verdadeiramente em coisas novas enquanto não as vivenciam através da experiência.[35]

Desta passagem se extrai o seguinte: Os fundadores de Estados, ou de uma nova ordem, os inovadores, precisam implantar novas leis e criar novos costumes. Caso contrário, se estará sob a égide da antiga ordem. Isto quer dizer que será necessário mudar a cultura, que é sempre um processo de longo prazo.

Existem duas formas de fundar um novo Estado: 1) pela força; 2) por reformas, com mudanças paulatinas. No primeiro caso, tendem a ter mais êxito os profetas armados, os guerreiros. A fundação do novo Estado, contudo, requer uma combinação de armas e leis, força e convencimento, persuasão e cultura. No segundo caso se requer uma legitimidade dos reformadores durável no tempo. Os fundadores de novos Estados pela via das novas religiões tendem a ter mais êxito nesta modalidade de fundação. São reformadores morais, sistêmicos. Só o tempo poderá garantir-lhe a consolidação da nova ordem. Mas como mostra o exemplo do Moisés bíblico, não podem prescindir da força.

Os fundadores precisam considerar, recorrentemente, a correlação de forças. Se é verdade que os beneficiários da antiga ordem resistirão, o profeta armado ou o líder guerreiro precisa praticar o ato do terror fundante no momento da conquista: eliminar a liderança antiga e todos aqueles focos de forças organizadas que podem produzir reações, revoltas. O terror fundante, além disso, funcionará como a espada validadora da nova lei e da nova ordem.

---

35 MACHIAVELLI, Niccolò. *Tutte le opere storiche, politiche e letterarie.* Roma: Grandi Tascabini Economici Newton, 1998, pp. 15/16.

Infundirá o medo do castigo para aqueles que desafiarem a lei fundadora. Foi isto o que fez Moisés no episódio do bezerro de ouro ao mandar passar no fio da espada milhares de homens do seu próprio povo.[36] E para que ela não perca a validez, de tempos em tempos o terror terá que ser revalidado com atos extraordinários, com punições exemplares. A nova ordem, contudo, não pode ser tirânica, pois o fundador teria que recorrer permanentemente à força e à violência para sobreviver. Somente uma ordem livre e libertadora conseguirá combinar, de forma adequada, as novas leis e os novos costumes com a força como garantia, porém, na sua forma de estoque, de reserva, pronta para agir.

Quanto à incredulidade dos humanos nas coisas novas enquanto elas não são experimentadas, é preciso considerar que mesmo nas condições mais adversas de um povo a mudança pode ser uma opção, mas uma opção cética. Desta forma, além da força, o fundador terá que ter grande capacidade de convencimento. Deve combinar o temor, pela posse das armas, e a esperança, pela via do recurso retórico, pela manifestação do verbo convincente, acrescentando-se a essas duas coisas a adoção de medidas práticas que indiquem a razoabilidade e a factibilidade da mudança.

Nos casos de grandes adversidades e sofrimentos, o líder pode lançar mão, para obter adesões, da jeremiada política, advertindo o povo quanto a superveniência de sofrimentos inauditos se ele não agir para mudar. Deve prometer alcançar algum tipo de salvação, de terra prometida, se o povo o seguir. Mas esta fantasia precisa ser concreta, alcançável. Este também é um jogo de temor e esperança, pois a jeremiada se move na dupla chave da advertência e da promessa.

---

36 BÍBLIA A. T. "Êxodo". *Bíblia Sagrada*: velho e o novo testamentos. Capítulo 32, versículos 27-28, 2015, pp. 153/154. Disponível em: https://media.ldscdn.org/pdf/lds-scriptures/holy-bible/holy-bible-83800-por.pdf. Acessado em: 05.04.2022.

Mas o inovador não pode se esquecer dos inimigos: "daí resulta que os que te são inimigos, quando têm ocasião de te atacar o fazem facciosamente, e aqueles outros te defendem tepidamente, fazendo-te correr perigo".[37] Um líder não deve ter dúvida de que seus inimigos o atacarão sempre que houver uma oportunidade propícia. A negligência dos líderes quanto ao ataque dos inimigos, quando não de aliados infiéis, é causa comum de suas ruínas. A solução que Maquiavel apresenta para este problema é inequívoca:

> É necessário, portanto, querendo discutir bem esta parte, examinar se esses líderes inovadores dependem mais de si mesmos ou se dependem dos outros. Isto é, se para conduzir sua obra eles precisam mais de orações, ou verdadeiramente podem forçar. No primeiro caso, sempre comandam mal e conquistam coisa alguma, mas quando dependem de si próprios podem forçar e então raras vezes são derrotados. Daí por que os profetas armados vencem e os desarmados se arruínam.[38]

Um líder inovador deve permanecer sempre em prontidão estratégica e manter suas forças, sejam políticas, sociais ou militares, sempre prontas para o combate. Aqueles que perderam o poder e aqueles que são prejudicados pela inovação do novo líder espreitarão a primeira oportunidade para atacá-lo e o atacarão com animosidade e virulência, como destaca Maquiavel. Mesmo nos regimes democráticos, os líderes que não permanecem em prontidão estratégica visando manter e ampliar o poder e fazer frente aos ataques dos adversários e inimigos, verão sua autoridade e sua liderança ruírem.

---

37 MACHIAVELLI, Niccolò. *Tutte le opere storiche, politiche e letterarie.* Roma: Grandi Tascabini Economici Newton, 1998, p. 16.

38 MACHIAVELLI, Niccolò. *Tutte le opere storiche, politiche e letterarie.* Roma: Grandi Tascabini Economici Newton, 1998, p. 16.

Tendo em vista que a política é sempre luta, embora não apenas isso, Maquiavel aponta para a questão central: o inovador precisa ter forças próprias, depender, preeminentemente, de suas armas e não das armas alheias ou das orações. A disponibilidade de força própria dará ao líder duas condições fundamentais para ter êxito: 1) autonomia decisória; 2) autonomia operacional. Sem essas condições ele dependerá da sorte ou dos outros e essa dependência é a antessala do fracasso. Não terá condições para implantar as novas leis e os novos costumes. Lançar-se à luta aberta sem força própria é uma temeridade que encaminha para a derrota. Neste caso, é preferível adotar táticas de escaramuças e combates ligeiros visando manter a *virtù* da luta e ampliar e organizar forças próprias. Nestas situações será preciso fazer alianças para manter-se em luta e não ser destruído. Alianças que não signifiquem a submissão a uma força hegemônica, pois esta anularia tanto a autonomia das escolhas e dos movimentos quanto à possibilidade de crescer e de ampliar as forças próprias.

Maquiavel acrescenta:

> Porque, entre outras coisas já ditas, a natureza dos povos é vária, sendo fácil persuadi-los, mas difícil mantê-los na persuasão. Assim, é conveniente ser ordenado que quando não acreditam mais se os faça crer pela força. Moisés, Ciro, Teseu e Rômulo não teriam podido fazer observar longamente suas constituições se estivessem desarmados.[39]

Desta forma, o exercício do poder se assenta sobre duas condições: a capacidade persuasiva e a disponibilidade de força. Sempre será mais desejável que o poder seja mantido pela capacidade persuasiva, pois o custo e os sacrifícios serão menores e o bem será maior. Capacidade persuasiva, evidentemente, não se reduz à

39 MACHIAVELLI, Niccolò. *Tutte le opere storiche, politiche e letterarie*. Roma: Grandi Tascabini Economici Newton, 1998, p. 16.

capacidade de convencimento pelo discurso. Ela implica também na capacidade de satisfazer os governados pelas ações do governo, pelos benefícios que estes alcançam e pelos bons exemplos do líder.

Mas os povos estão sujeitos a toda sorte de enganos, extravios, cizânias por parte dos inimigos e charlatões e pelas adversidades das conjunturas e variações dos tempos. Os seus humores em relação ao líder e ao governo podem variar, gerando indisciplinas e tumultos. Povos desorganizados e sem disciplina são mais suscetíveis às variações dessas condições e das variações dos tempos, são mais volúveis em suas convicções e mais vulneráveis à captura dos demagogos, dos falsos profetas e dos poderosos que oferecem mais brilho e mais luzes, mas enganam e exploram mais.

Esses povos se deixam arrastar por caminhos que são contrários aos seus próprios interesses e que os aprisionam na dominância dos ricos e poderosos. Em muitas dessas situações, se o líder não estiver garantido pela força, perderá o comando. Se tiver força organizada precisará fazer-se convincente pelo seu uso, seja na forma dissuasiva, pela sua simples evidência e pela ameaça do seu uso, seja pelo seu uso de fato. O frei Girolamo Savonarola (1452-1492) fracassou ao tentar implantar uma nova ordem em Florença pela via das reformas porque não tinha força dissuasória. Era um profeta desarmado. Maquiavel acrescenta que os líderes que vencem as dificuldades com o uso da força e conseguem satisfazer o povo se tornam seguros, felizes e honrados.

Tem-se então que só força política, social ou militar organizada, se bem empregada, é capaz de garantir a crença em um líder, partido ou programa em momentos críticos. A hegemonia não pressupõe apenas convencimento, mas também a persuasão pela evidência da força ou pelo seu uso. As pregações de Savonarola tinham convencido pelo seu conteúdo retórico e moral. Mas quando o povo não viu mudanças e benefícios, deixou de acreditar nele. Quando o povo deixou de acreditar, o Frei não foi capaz de provar que tinha um mandato divino. Sem força organizada e ativa, o frade foi derrotado pelas forças papais, aliadas aos seus inimigos em Florença. Líderes e reformadores que não se sustentam sobre forças organizadas e fiéis tendem sempre à derrota. Os profetas armados têm mais chances de triunfar. Seu poder e segurança, depois de conquistado o poder, devem continuar alicerçados em forças próprias.

CAPÍTULO VII

A NATUREZA DA LIDERANÇA POLÍTICA

7.1 A especificidade da liderança política

Umas das principais antinomias exploradas por Maquiavel é aquela que opõe os líderes que conquistam o poder pela sorte, pela força de outros ou por dinheiro com aqueles que o conquistam por suas forças e valor próprios. No primeiro caso tem-se o rol daqueles que construíram sua reputação vivendo, de modo geral, na vida privada e que se tornaram governantes pelas seguintes circunstâncias: pela sorte, fama, pela corrupção (poder do dinheiro) ou pela força de outro líder. Se tiveram facilidade de ascender ao poder, terão muita dificuldade em manter-se. Raramente os que alcançam o poder nessas circunstâncias se tornam líderes autênticos. Não sabem comandar, pois o poder sempre é uma relação que depende de virtudes e competências desenvolvidas na prática. Não sabem manejar os meios materiais do exercício do poder e não têm as qualidades e virtudes morais para exercê-lo.

Referindo-se a essa tipologia de líderes, diz Maquiavel:

> Estes estão simplesmente submetidos à vontade do concedente ou à *fortuna*, que são duas coisas volubilíssimas e instáveis e não sabem e não podem manter o poder: não sabem porque se não é um homem de grande engenho e *virtù*, não é razoável que, tendo vivido sempre na riqueza privada, saiba comandar; não podem porque não têm forças que lhe possam ser aliadas e fiéis.[40]

Como já se disse, estar sob a vontade de alguém mais poderoso consiste em não ter autonomia para decidir e agir. Depende-se da vontade desse poderoso, fator que impede o real exercício do poder. Depender da *fortuna* consiste em estar à mercê das forças contingentes, do acaso e do imprevisto. Aqueles líderes políticos que egressam da vida privada, de modo geral, não têm a experiência do comando e não têm forças amigas e fiéis para comandar. Tendem ao fracasso. Se conseguirem se manter no poder, serão líderes fracos e dependentes de outras forças que os garantem. Ademais, a natureza do comando na vida privada é diferente da natureza do comando da vida pública. Um bom líder da vida privada não necessariamente terá êxito em liderar na vida pública.

O que Maquiavel sustenta é que comandar um Estado é diferente do que comandar um empreendimento privado. No empreendimento privado o poder do chefe é quase absoluto, os recursos são definidos de forma certa, há um âmbito elevado de liberdade de iniciativa e de liberdade econômica, o planejamento é executável, há baixo grau de conflitos sociais e políticos e há um nível controlável de conflitos de interesses econômicos e trabalhistas.

No comando do Estado, os recursos, em regra, são sempre escassos, o planejamento sofre uma série de interferências internas e externas, as ações e o poder do governante são limitados por leis, o governo sofre uma série de pressões econômicas, políticas

---

40 MACHIAVELLI, Niccolò. *Tutte le opere storiche, politiche e letterarie*. Roma: Grandi Tascabini Economici Newton, 1998, p. 17.

e sociais; o governante sofre contestações e combates e os conflitos de diversas ordens se multiplicam. O governante precisa ter uma liderança e uma legitimidade efetivas sobre amplos espectros sociais, caso contrário não conseguirá governar. Terá inimigos e opositores, e os aliados nem sempre ajudam. Terá a insatisfação social por demandas não atendidas e terá limites para atendê-las.

Mas por que o governante que vem da vida privada para a vida política dificilmente terá amigos e seguidores fiéis? Se ascendeu por sorte, não comandou forças próprias. Se ascendeu pela graça de outro líder, dependerá deste e de suas forças e não terá autonomia. Se subiu ao poder por força do dinheiro, agregará em torno de si oportunistas interessados e corruptos. Ao não ter autonomia fracassará em seus projetos, quando os tem. Maquiavel acrescenta que governos que surgem repentinamente violam certo princípio natural: não criam raízes, não criam força política e social, não sabem estabelecer as bases próprias de poder e tendem a ruir no primeiro golpe.

Os exemplos de Francisco Sforza (1401-1466) e de César Bórgia (1475-1507) são notáveis para corroborar as teses maquiavelianas da especificidade da liderança política. O primeiro vivia na vida privada, mas se tornou duque de Milão por meios próprios e se esforçou para se tornar líder político e fundar uma força própria. César Bórgia, que possuía elevadas virtudes de comando, adquiriu poder sobre um Estado pela força do pai, o papa Alexandre VI (1431-1503). Com a morte prematura do papa, César Bórgia, embora fosse um líder capaz, e tendo feito tudo o que um "homem prudente e valoroso" deveria fazer, fracassou. Não tinha forças próprias suficientes para garantir os seus empreendimentos políticos, pois o seu poder, em grande medida, tinha nascido das armas e do dinheiro de outros.

Para que um líder tenha êxito, o ideal é que se preparem as bases do poder e das forças próprias antes de alcançar o comando do Estado. Se isto não for possível, é imprescindível que se o faça assim que chegar ao poder. César Bórgia, contudo, mesmo fazendo "tudo que um homem prudente e valoroso deve fazer" para enraizar seu poder no Estado conquistado pela sorte e pela força de outros, não conseguiu manter-se. Poderia mesmo progredir construindo uma poderosa força própria. Mas foi vítima da "extrema maldade da *fortuna*".

O fato é que César Bórgia dependia militarmente, ora de seu pai, ora do rei da França, uma força auxiliar poderosa, e ora dos Orsini e dos Colona, forças mercenárias. Não podia confiar nem nas forças auxiliares e nem nas forças mercenárias. Tentou organizar forças próprias. Valendo-se de um e de outro e desfazendo-se dos dois, conquistou a Romanha e Urbino, estabelecendo boa base para o seu poder. Mas muitos líderes, mesmo que façam tudo certo, podem não triunfar: se tornam alvos dos reveses impostos pela "extrema maldade da *fortuna*". O fato é que o acaso e os eventos contingentes, inesperados, podem se tornar causas do insucesso de muitos empreendimentos políticos por mais que sejam comandados por líderes prudentes e valorosos. Esses eventos podem causar mesmo a ruína de líderes que dispõem de poderosas forças próprias.

A lição que Maquiavel extrai das ações de César Bórgia é a seguinte: se um líder não tem forças próprias suficientes para alcançar seus objetivos pode valer-se de forças auxiliares e mercenárias, mas desconfiando de ambas. As primeiras sempre querem o poder para si. As segundas são espoliadoras e traidoras. Na medida do possível, o líder deve se desfazer dessas forças, construindo as suas. No processo de abandono dessas forças deve enfraquecê-las o máximo possível para que não venham a ser usadas contra ele.

7.2 A espada e a lei: a ferocidade e seus limites

Os procedimentos de César Bórgia na conquista da Romanha expressam um ensinamento universal acerca da conduta do líder que age levando em conta as circunstâncias. Existe uma relação dinâmica entre as circunstâncias dadas e as escolhas do líder que orientam ou devem orientar o seu modo de agir. Um dos erros comuns dos líderes consiste na manutenção do mesmo padrão do proceder em diversas circunstâncias. Agir sempre segundo um mesmo padrão, mesmo quando as circunstâncias mudam, é um dos fatores principais que levam líderes a derrotas e, muitas vezes, à derrocada de líderes e Estados muito poderosos.

A ação está implicada na relação entre o agente e as circunstâncias (conjunturas). Esta relação é sempre dinâmica, dada a natureza mutável das circunstâncias. Os líderes, seja pelo seu caráter, seja pelos seus limites em termos de capacidade, conhecimento, análise e virtudes, nem sempre são capazes de mudar segundo as mudanças dos ventos (circunstâncias). Normalmente ficam aferrados aos seus modos tradicionais de agir. Quando os governos produzem bons resultados tendem a persistir no mesmo método, mesmo que as circunstâncias mudem. A dificuldade que os governos apresentam em mudar de métodos quando mudam as circunstâncias é uma das causas de seus fracassos. Um bom governo precisa repactuar frequentemente sua lógica de ação segundo a variação das circunstâncias. A flexibilidade de métodos deve ser regra do seu planejamento e de seu modo de agir.

Não há métodos absolutos. Tudo depende do jogo de relações entre sujeitos, circunstâncias e as disposições da *fortuna* que intervém em todos os acontecimentos. Sempre que um sujeito age, essa ação interage com outros sujeitos provocando interferência nas intenções iniciais do agente e no curso dos acontecimentos. Agir sempre pressupondo que a ação é decisiva, mesmo sabendo que nem sempre ela é, é uma condição de êxito nos empreendimentos humanos. Mas o triunfo não é garantidor de nada. Aquele que triunfa e acredita que estará seguro para sempre abre as portas para o surgimento de problemas. O triunfo precisa ser permanentemente assegurado e renovado.

Ao conquistar a Romanha, Bórgia constatou que ela vinha sendo dominada por senhores fracos (*impotenti*), que "mais espoliavam os súditos do que governavam". O capítulo VII de *O Príncipe* indica que isto gerava desunião deixando a província cheia de latrocínios, de desavenças e de insolências. Para pacificá-la e ordená-la seria necessário submetê-la à mão dura de um bom governo. Para isso, nomeou como governante Ramiro de Orco (1452-1502), "homem cruel e expedito, conferindo-lhes plenos poderes". Em pouco tempo, a província foi pacificada e unida, o que gerou grande reputação a Orco.

Ao analisar o caso da conquista da Romanha, Maquiavel indica, pela negação, o que é um exemplo de mau governo e, consequentemente, como deveria proceder um bom governo. O mau governo espolia os governados em contraposição ao bom governo que deve governá-los, satisfazendo-os e protegendo-os, unificando a sociedade e o país. Governantes corruptos e espoliadores praticam e deixam praticar todo tipo de violência, permitindo que viceje a desordem social e a criminalidade generalizada. Se um líder ascende ao poder em circunstâncias nas quais predominam a desordem, a violência e a criminalidade deve impor a ordem, a disciplina e a boa conduta social, mesmo que seja pela força. A segurança pública e o bem-estar social são bens públicos que beneficiam a todos. O uso da força para conquistar esses bens atingirá a poucos e beneficiará a muitos. Claro, o governante não pode desprezar, mesmo no contexto do uso acentuado da força, a atividade persuasiva, mostrando aos governados os benefícios das mudanças.

Por mais eficiente que Ramiro de Orco possa ter sido na pacificação e no ordenamento da Romanha, cometeu um erro: não soube calibrar suas ações no trânsito de uma província violenta e desordenada para uma província pacificada e ordenada. Bórgia percebeu que Orco havia se tornado um inconveniente ao portar uma identificação com a violência e o autoritarismo como métodos de governo. Substituiu-o por um governo civil, composto por dez magistrados, que governasse pelas leis e que fosse bem quisto pelo povo. Quer dizer, um Estado pacificado e ordenado não pode ser governado pela violência e pelo autoritarismo. Orco produziu um bom governo ao pacificar e ordenar a Romanha usando métodos adequados. Mas o bem pode se transformar em mal se os métodos não mudarem com as mudanças de situações.

Note-se, então, que as escolhas e as ações dependem das circunstâncias. O líder precisa saber ler as circunstâncias e definir, a partir dessa leitura, o tipo de ações que são adequadas para solucionar os problemas e prevenir outros, visando satisfazer os governados. No contexto das desordens, da desagregação social e da violência, faz-se necessário governar com mais autoridade, com mais força, organizando a sociedade. Se a sociedade está ordenada, pacificada e disciplinada, o mais adequado é que o governo governe aplicando a justiça, promovendo o bem-estar, persuadindo os governados dos benefícios da paz, do bom ordenamento social e do desenvolvimento dos empreendimentos.

Se por um lado Orco pacificou a província, por outro, a prática sistemática da tortura e as execuções recorrentes em praça pública renderam-lhe ódio por parte da população. Em 1502, em Faença, ele perseguiu um delinquente que se refugiou na igreja. Ramiro exigiu que o padre o entregasse e o fez enforcar dentro do recinto religioso e impôs uma multa de dez mil ducados aos cidadãos por cumplicidade. Estes recorreram à César Bórgia que, num gesto de boa vontade, anulou a multa. A ferocidade de Orco não tem limites: naquele mesmo ano articula uma conspiração para assassinar Bórgia. Mas este, desconfiado, manda prender Ramiro e arrastá-lo pelas ruas. Torturado, confessa a conspiração. César Bórgia agiu para mostrar ao povo que as crueldades cometidas não vieram dele, mas do caráter de Orco. Escolheu uma manhã oportuna para que o seu ex-auxiliar fosse exposto em praça pública, em Cesena, com o corpo cortado em dois pedaços ao lado de um pedaço de pau e de uma faca ensanguentada. "A ferocidade daquele espetáculo fez com que as pessoas ficassem, a um só tempo, satisfeitas e estupefatas", diz Maquiavel.

Isto quer dizer: quando são praticadas crueldades, por necessidade ou por erro, o recomendável é que sejam reparadas aos olhos do povo. No caso, as medidas de força implementadas por Orco para estabelecer a ordem e a paz na Romanha eram aceitáveis. O que não era aceitável era a continuidade de um governo de força e violência após a conquista daqueles objetivos principais. Persistir com os mesmos métodos e com as mesmas medidas quando as circunstâncias mudam é um erro comum dos líderes e dos governantes, tanto em tempos brutos quanto em tempos mansos. O método e a natureza das ações precisam sempre ser revistos para que sejam alinhados com as exigências das circunstâncias e das mudanças dos tempos.

Com o espetáculo feroz da morte de Orco, o duque visava dois objetivos: satisfazer e advertir o povo. No caso, aqui se combinou o par antitético da satisfação e do temor. Dado o caráter ambivalente da natureza humana, orientada para o bem e para o mal, mas mais para o mal do que para o bem, o governante precisa ter a prudência para lidar com essa natureza paradoxal e ambivalente das pessoas. Assim, deve escolher ações e medidas que produzem efeitos antitéticos e combiná-las de acordo com as exigências das circunstâncias. Efeitos tais como: amor e temor; satisfação e advertência; liberdade e autoridade; consenso e força; convencimento e dissuasão etc. A dosimetria a ser aplicada a cada um dos pares antinômicos depende da natureza dos problemas a serem enfrentados e das circunstâncias em que a ação governamental deve se projetar. O erro na administração dessa dosimetria poderá ser fatal tanto nas consequências que a ação produz, quanto na avaliação que se fará dos atos do governo. Poderá custar-lhe até mesmo o poder.

Em momentos de paz, ordem e normalidade, evidentemente, deve prevalecer o momento do amor, da satisfação, da liberdade, do consenso, do convencimento etc., mas cuidando sempre para que os elementos do segundo momento nunca estejam ausentes. Senão enquanto prática, devem manifestar-se simbolicamente enquanto possibilidade plausível e certa de ocorrência se as circunstâncias o exigirem. Isto evitará os abusos e os excessos recorrentes que nascem nos ambientes abundantes de satisfação e de liberdade.

A intolerância com as práticas antissociais e contrárias ao bem público deve funcionar como uma advertência permanente para manter presente o medo do castigo. A retórica também deve carregar sempre nas tintas da advertência, mesmo nos momentos mais propícios e opulentos, pois os ventos da sorte mudam e as incertezas da vida sempre podem precipitar a bonança em tempestade e a felicidade em tragédia. Portando-se assim, o líder educa os liderados pelo seu exemplo, pelas suas ações, pelas suas palavras e pela moral persuasiva, mantendo-os em alerta para as potenciais vicissitudes, acidentes e imprevistos da vida.

Maquiavel nota que César Bórgia implementou todas as atitudes prudentes que um líder deve adotar nas questões imediatas para a manutenção e ampliação do poder. Ampliou seus domínios territoriais, organizou forças próprias, liquidou forças vizinhas que poderiam vir a atacá-lo e não se aliou aos franceses para atacar os espanhóis em Nápoles, pois eram uma força poderosíssima. Mas antes que todas essas iniciativas produzissem os frutos desejados, o papa Alexandre VI faleceu. Com isso surgiu um problema de longo prazo, concernente ao futuro: a escolha de um novo papa. Para os empreendimentos do duque o importante seria que fosse seu aliado. Ou seja, a *fortuna* implantou um problema imprevisto na estratégia de Bórgia. Um papa hostil poderia retomar domínios que haviam sido concedidos ao duque pelo pai.

Maquiavel nota que mesmo antes da morte de Alexandre, o duque agira para prevenir-se em relação ao futuro adotando quatro medidas: 1) extinguiu os herdeiros de sangue dos senhores que havia despojado, evitando que eles pudessem apelar ao novo papa para reaver as suas possessões; 2) aliou-se aos homens poderosos de Roma para poder controlar o novo papa; 3) controlou ao máximo que podia o Colégio de Cardeais e, 4) buscou conquistar o máximo de poder antes que Alexandre morresse para que pudesse resistir ao primeiro ataque.

Quando Alexandre VI morreu, Bórgia tinha conseguido realizar as três primeiras iniciativas, mas não a quarta. Tinha planejado tomar toda a Toscana. Os franceses haviam sido expulsos de Nápoles pelos espanhóis e ambos os Estados precisavam ser aliados dele para que ele não optasse por um dos lados, derrotando o outro. Mas quando papa morreu, Bórgia havia consolidado apenas o poder na Romanha, sendo que várias cidades da Toscana encontravam-se em situação pendente. A morte do papa, a ação da *fortuna*, impediu-o de realizar o empreendimento mais seguro que poderia garantir-lhe o poder futuro: a disponibilidade de poderosas forças próprias e o domínio consolidado de territórios importantes. Ele mesmo já estava doente.

Maquiavel imputa a Bórgia um caráter combativo, corajoso e violento, indicando que ele sabia que os homens, nos negócios da guerra e do poder, devem ser aliados ou exterminados. Ele o apresenta como modelo para aqueles líderes que galgam o poder através de forças alheias. Este ponto é fundamental: César Bórgia não é o melhor modelo de líder, mas apenas modelo para uma circunstância específica – a daquele líder que não tem forças próprias suficientes e vai conquistando domínios, conduzindo forças auxiliares ou mercenárias, buscando constituir suas forças próprias. O modelo de líder ideal Maquiavel o encontra nas figuras de Moisés, Ciro, Teseu e Rômulo, mas não no duque Valentino, como Bórgia era chamado. Desta forma, a exegese tradicional do pensamento de Maquiavel erra ao atestar que César Bórgia seria seu modelo paradigmático de líder em *O Príncipe*.

Mesmo imitável em várias de suas ações, Bórgia cometeu um erro fatal: não conseguiu impedir a eleição de Júlio II (1443-1513) como papa. Nesse ponto, Maquiavel o cesura, pois o duque, que havia ofendido o então cardeal de San Pietro ad Vincula no passado, consentiu que se tornasse papa. Beneficiado, agora, o papa não esqueceu as ofensas pretéritas. O papa Júlio II, nascido Giuliano della Rovere, havia enfrentado Rodrigo Bórgia no conclave em que este foi eleito papa, tornando-se Alexandre VI. Giuliano refugiou-se em Óstia e depois em Paris, onde incitou o rei Carlos VIII (1470-1498) a atacar Nápoles e depois a formar um conclave para avaliar a conduta de Alexandre VI. Este conseguiu evitar o julgamento. Com a morte de Alexandre, foi eleito papa o cardeal Piccolomini de Milão. Mas este faleceu no primeiro mês de papado. Então, Giuliano, usando toda a sua capacidade diplomática, obteve apoio de César Bórgia, sendo eleito papa por unanimidade do conclave. Este foi o erro fatal do duque: não tendo força para eleger um papa seu, deveria ter apoiado alguém que não viesse a ser seu inimigo. Deveria ter buscado um *tertius*. Este erro causou a sua ruína definitiva, sentencia Maquiavel.

Com o poder da Igreja, o novo papa agiu contra o duque e isto foi a principal causa da ruína deste. Bórgia não podia ter consentido que fosse eleito um papa com o qual já tivesse tido disputas no passado. Já que não tinha força suficiente para eleger um papa aliado seu, deveria ter apoiado um cardeal espanhol e, no limite, o cardeal de Rouen, aliado dos franceses. Não se pode acreditar, ensina o autor de *O Príncipe*, que os homens que adquirem posições novas, de grande poder, se esqueçam das desavenças passadas. Dois ensinamentos precisam ser tirados daqui: primeiro, é conveniente sempre evitar que aqueles que sentem medo ou ódio do líder adquiram poder, pois estas são duas motivações para ataques. Segundo, quando não se pode eleger alguém que se quer, deve-se evitar a vitória de quem não se quer, buscando uma terceira opção.

CAPÍTULO VIII

PODER, VIOLÊNCIA E CRIME

8.1 O crime não conduz à glória

Maquiavel analisa os seguintes tipos de conquista do poder: 1) o príncipe que herda o poder; 2) aquele que o conquista pela *fortuna*, pela ajuda de outro poderoso ou com o concurso de forças mercenárias; 3) aquele que o conquista pelo valor e pelas forças próprias; 4) aquele que o conquista pelo valor próprio e com a ajuda de outros; 5) aquele que o conquista pelo crime; 6) aquele que o conquista pelas eleições; e 7) aquele que o obtém pela dotação da igreja. Ao analisar estes casos, Maquiavel não está justificando nenhum deles. Ele simplesmente analisa os casos, pois eles ocorrem na realidade política de todos os tempos. O que se impõe ao analista é compreendê-los e extrair as possíveis utilidades das consequências de cada um dos casos.

Ao analisar o caso da ascensão através do crime, ele contrapõe dois exemplos: o de Agátocles, o Siciliano (321 a.C. a 289 a.C.), e o de Oliverotto de Fermo (1485-1502). Agátocles se tornou rei de Siracusa através de uma longa carreira de crimes e de violência, alcançando os postos de chefe da milícia e de pretor. Para se tornar senhor de Siracusa articulou um plano com Ophellas, governante da Cirenaica, visando expulsar os cartagineses da Sicília. Reuniu o povo e o Senado para deliberar coisas da república e, a um sinal, os seus soldados mataram senadores e homens ricos e influentes da cidade. Depois de tomar o poder, governou sem hostilizar os cidadãos e ainda conseguiu expulsar os cartagineses e travou guerras no norte da África.

De acordo com Maquiavel, em sua vida, Agátocles nunca ou poucas vezes contou com o benefício da sorte para o êxito de suas ações e também não contou com o favor de alguém. Conquistou o poder e o manteve com "inúmeros sacrifícios e perigosos embates". Maquiavel, contudo, adverte: "Não se pode chamar de *virtù* a matança dos concidadãos, a traição de amigos, ser sem fé, sem piedade e sem religião. Esses modos de agir podem levar à conquista do poder, mas não à glória".[41] Desta forma, Agátocles não pode ser colocado no panteão dos heróis, não é um exemplo a ser seguindo.

Agátocles foi eficiente na conquista e manutenção do poder, mas não foi virtuoso. A eficiência, a competência, podem ser qualidades que integram a *virtù*, mas não são suficientes para defini-la. A *virtù* precisará sempre ter uma dimensão moral. A primeira e mais importante oposição que aparece na análise do caso de Agátocles é entre a *virtù* e a crueldade, aqui entendida no sentido da matança desnecessária. Nenhum líder que adota a crueldade, a matança e o assassinato como métodos de conquista e manutenção do poder pode ser reputado como um líder virtuoso. Ele pode conquistar e manter o poder, de fato. Neste ponto surge a segunda distinção: Não basta ser eficiente na conquista e na manutenção do poder para alcançar a glória. A glória é um conceito diferente de capacidade operativa e de obtenção de êxito. A glória é alcançada somente por ações exemplares, dignas de admiração e louvor no presente

41 MACHIAVELLI, Niccolò. *Tutte le opere storiche, politiche e letterarie*. Roma: Grandi Tascabini Economici Newton, 1998, p. 21.

e no futuro. Somente aos líderes de *virtù* é dado alcançar a glória. Aquele que busca a glória busca a imortalidade terrena por meio de grandes feitos e grandes palavras que perduram na memória da humanidade ou de uma nação.

A glória importa um conteúdo moral pelo bem que se pressupõe a ela concernente em benefício da humanidade ou de um povo. Não basta que o líder busque a glória: é preciso que ela seja chancelada pelo reconhecimento do povo, da humanidade e da história. Se a busca da glória precisa estar presentificada no momento da ação do líder, a sua efetividade será sempre *post factum*. Para alcançar a glória não basta que o líder tenha o aval do povo no momento de suas ações ou de sua morte. A glória requer a chancela da história e da posteridade. Embora a glória possa decorrer de uma ação intuitiva ou motivada pela sensibilidade no momento de uma grande tensão ou de uma situação de desespero que suscita uma coragem inaudita, normalmente, ela está implicada na escolha consciente do líder, é uma decorrência de sua ambição pela admiração, homenagem e louvor imorredouros.

Nos termos de Maquiavel, nem todo líder de *virtù* alcança a glória. Agátocles não a merece por conta da natureza das suas ações e do seu caráter. O que se deve tirar como lição nas ações do Siciliano são sua eficiência e as capacidades operativas para alcançar o poder e para mantê-lo. Mas ele não é um exemplo do líder de *virtù* que mereça o louvor eterno. Pelo contrário, trata-se de um líder que praticou ações moralmente condenáveis. César Bórgia tinha, em algum grau, *virtù* em suas ações. Pacificou e ordenou a Romanha e tinha vários projetos para promover reformas urbanísticas de cidades italianas encarregando Leonardo Da Vinci (1452-1519) para desenvolvê-los. Tinha também muitas virtudes de comando, virtudes militares. Maquiavel, contudo, enfatiza que ele foi muito favorecido pela *fortuna* e terminou sendo vítima dela.

Embora César Bórgia seja descrito por Maquiavel como alguém diferente de Agátocles, também não figura no panteão dos heróis gloriosos, pois os seus êxitos ou a sua tragédia não são de magnitude e exemplaridade suficientes para que a bem-aventurança de seus feitos frutificasse no seu presente e no futuro. Afinal de contas, o duque Valentino terminou derrotado, perdeu a Romanha e outras possessões. Enfraquecido, colocou-se a serviço de seu cunhado, o rei João III de Navarra (1469-1516), para combater um grupo rebelde. Ao cercar fortaleza de Viana sob o poder dos rebeldes, numa manhã César é surpreendido por um ataque do inimigo. Enfurecido, veste sua armadura, e num ato de temerária imprudência, lança-se praticamente sozinho na perseguição aos inimigos. Estes o atraem para uma armadilha e o matam. Pode ter morrido com honra, mas não com glória. Glória a alcançaram Moisés, Ciro, Teseu e Rômulo, os preferidos modelos na construção de *O Príncipe*.

8.2 O critério da ação do líder

Maquiavel diz que os feitos de Agátocles o colocam no mesmo patamar dos grandes comandantes, em termos de capacidade e eficiência. Enfrentou perigos e situações adversas e venceu. Contudo, era cruel, impiedoso, desumano e criminoso. Desta forma, Maquiavel lhe nega o pedestal ao lado dos "excelentíssimos homens celebrados" na história.

Além de o crime se constituir uma tipologia recorrente de conquista de poder na história, o interesse de Maquiavel acerca de Agátocles reside no fato de ele ter sido muito eficiente nos seus objetivos:

> Todavia, considerada a virtude de Agátocles no entrar e sair dos perigos e seu ânimo no suportar e superar as coisas adversas, não se vê motivos para julgá-lo inferior a qualquer dos mais ilustres comandantes. Por outro lado, a sua feroz crueldade e desumanidade, com infinita malvadez, não permitem que ele seja celebrado entre os mais ilustres homens da história.

> Não se pode ainda atribuir à *fortuna* ou à *virtù* aquilo que sem uma e sem a outra foi ele capaz de conquistar.[42]

O que Maquiavel nota é que Agátocles não conquistou poder por mera sorte e, ao mesmo tempo, não era homem de *virtù*. Então, fica claro que Siciliano era homem de muitas capacidades para lidar com as questões da guerra e do poder. Em termos aristotélicos, ele possuía virtudes intelectuais, mas carecia de virtudes morais. Essas capacidades podem estar presentes tanto em um líder de *virtù*, quanto em um líder criminoso. Elas têm uma dimensão técnica, relacionadas à eficácia e à racionalidade para se chegar ao resultado. Esta dimensão técnica não se confunde com conteúdo moral que a *virtù* sempre carrega. A *virtù* comporta a presença dos dois tipos de virtudes aristotélicas: a moral e a intelectual.

Líderes com *virtù* e líderes sem *virtù* precisam vencer batalhas, alcançar resultados, êxitos. Então eles precisam ter grandes capacidades operativas. O que os distingue é a natureza moral de suas ações. Uns comentem violência por uma necessidade vinculada aos interesses do povo, do Estado ou da humanidade. Outros exercem a violência (ou atos recrimináveis) para atender as necessidades de suas ambições pessoais ou de um grupo particular. A violência de um criminoso para alcançar o poder é a violência desprovida de uma justificativa universalizante, fundada no bem da comunidade. Trata-se de uma violência recriminável, injustificável, desnecessária, da violência do agressor. Quem a pratica, por mais eficaz que tenha sido, não alcança a glória, a benemerência e a benquerença na história.

Agátocles soube conquistar o poder e mantê-lo. Mas não seguiu os critérios da *virtù* e da glória. Guiou-se pela eficácia do crime. A *virtù* não é o critério da glória, mas uma de suas condições.

---

42 MACHIAVELLI, Niccolò. *Tutte le opere storiche, politiche e letterarie*. Roma: Grandi Tascabini Economici Newton, 1998, p. 21.

Sem ela não há glória, mas muitos líderes de *virtù* não alcançam a glória. E, neste ponto, a interpretação de Claude Lefort se equivoca ao sustentar que não existe *virtù* sem glória.[43]

Não é possível comparar a violência praticada por Agátocles na conquista do poder em Siracusa com aquela praticada por Bórgia e Ramiro de Orco na conquista da Romanha, como pretendem alguns comentadores de Maquiavel, a exemplo de Russell Price[44] e Dan Eldar.[45] A análise das práticas de violência precisa remeter-se sempre às circunstâncias, pois são estas que ditam a sua necessidade e a sua justificativa. Bórgia encontrou a Romanha cheia de desordens, de latrocínios, de assassinatos, com senhores que mais espoliavam o povo do que o governavam. A crueldade da violência para reorganizar a ordem da província e para prover a segurança dos cidadãos atingia a poucos e beneficiava a muitos. Foi um caso de crueldade piedosa, do mal menor, pois não a praticar implicava na continuidade de sofrimentos humanos maiores.

Ao que se sabe, as circunstâncias de Siracusa não indicavam nem a necessidade e nem a justificativa da violência. Por isso, foi ato de traição, de impiedade e de crueldade enquanto tal, para atender os desígnios de poder de Agátocles. A mudança de método a que ele procedeu depois de estabilizar-se no poder atendeu à necessidade de manter-se e, neste ponto, ele também foi eficaz. Percebeu que não poderia persistir no crime para manter-se. Ao abandonar a violência como método de governo conseguiu viver tranquilamente e obteve apoio nos tempos de guerra e nos tempos de paz, segundo Maquiavel. Agátocles simplesmente remediou uma situação deplorável: o cometimento da traição e da violência para

---

43 LEFORT, Claude. *Le travail de l'oeuvre Machiavel*. Paris: Gallimard, 1986, p. 380.

44 PRICE, Russell. "The theme of glory in Machiavelli". *Renaissance Quarterly*, vol. 30, nº 4, 1977.

45 ELDAR, Dan. "Glory and the boundaries of public morality in machiavelli's thought". *History of Political Thought*, vol. 3, nº 2, 1986.

alcançar o poder. Governou com eficácia para manter-se, para remediar o mal cometido. Aparentemente, abandonou o mal maior.

Não se pode ler os capítulos de *O Príncipe* como uma linha contínua, mas como estudos de casos diferentes, de líderes que usam métodos diferentes para alcançar e manter o poder. O critério das ações do líder não é dado pelo povo, mas pela prudência do líder que deve considerar a situação e as necessidades do povo. É o líder que, dadas todas as circunstâncias envolvidas, define o limite moral de sua ação. As circunstâncias, que comportam também as leis e as instituições, indicam limites para a ação do líder. Mas cabe a este decidir se os respeita ou se os ultrapassa. Respeitando-os, pode não se habilitar para a glória. Ultrapassando-os, pode demonstrar toda a sua *virtù* habilitando-se para a glória ou pode revelar-se um criminoso, um desumano ou alguém que governa contra os interesses do povo. A linha que separa a ação virtuosa da ação criminosa, quando entra em jogo a violência, é muito sutil e tênue, mas é, também, muito densa de significado ético quanto aos fins e quanto aos resultados que se produz nas ações envolvidas.

O julgamento do povo não decide a ação do líder. O julgamento pode guiar novas ações, pois ele sempre é *post factum*. Então, como se disse, o critério da ação do líder é o seu próprio julgamento, que comporta, ou deveria comportar, conhecimento e prudência. Se for um líder prudente, decidirá como agir considerando os interesses do povo, o possível julgamento do povo de suas ações (das ações do líder) e o possível resultado com todas as suas consequências.

É certo que, para Maquiavel, o fundamento do poder é a força. Mas nenhum líder se mantém pelo simples e puro exercício da força. Ele precisa exercer a capacidade persuasiva, convencer os governados da justeza de suas ações e de sua política. Exercer a liderança e o poder consiste em ter capacidade de orientar as escolhas e as ações dos liderados e governados. Isto se faz de duas maneiras: pela relação direta do líder com os liderados e pelos meios que o líder dispõe para mediar a sua relação com os liderados. Um líder que não dispõe de meios persuasivos e coercitivos e que não saiba combiná-los segundo as circunstâncias é um profeta desarmado.

A questão da relação entre força e convencimento depende sempre das circunstâncias. O líder virtuoso e eficaz é aquele que sabe manejar na justa medida essa relação. Enfatize-se, não existe uma regra pré-estabelecida capaz de definir os termos dessa relação. São as circunstâncias e a prudência do líder que determinam a escala, o grau em que um e outro termo serão usados e combinados.

O reconhecimento e a gratidão que o povo tem em relação ao líder dependem, levadas em conta as circunstâncias, da medida em que este satisfaz as necessidades daquele. Mas, em casos extremos, em circunstâncias adversas, o povo se dispõe a fazer sacrifícios para atender as conclamações do líder por reconhecer que ele está fazendo a coisa certa para defender e beneficiar o povo.

8.3 O crime como método de conquista do poder

No estudo de caso que Maquiavel faz acerca daqueles que ascendem ao poder pelo crime, a comparação que faz não é entre César Bórgia e Agátocles, mas entre Agátocles e Oliverotto de Fermo, que traiu e assassinou o tio e os homens ilustres de Fermo para se apoderar do poder. Bórgia não conquistou o poder da Romanha pela traição e por assassinatos, mas pela guerra. A tipologia na qual inscreve César Bórgia é diferente da tipologia na qual assinala Agátocles.

A diferença entre Agátocles e Oliverotto não está no método da conquista do poder. Ambos cometeram a traição, o assassinato e a impiedade. A diferença está na manutenção do poder: enquanto Agátocles, aparentemente, abandonou os métodos violentos para governar os súditos, Oliverotto persistiu no crime e na violência contra eles. As crueldades cessaram em Siracusa e continuaram em Fermo e nas cidades vizinhas. E Oliverotto cai no caso de que não se mantém o poder com a prática continuada da violência como método sistemático, contrariando a regra de que o poder requer o par paradoxal força/convencimento, ressalvando-se que força não é necessariamente violência.

Maquiavel indica que o líder que se mantém preponderantemente pela prática da violência se torna vulnerável, tanto do ponto de vista interno, quanto externo. Os governados o odeiam e os líderes vizinhos ou temem a sua ambição e os seus métodos, ou o percebem vulnerável e ambicionam o seu território ou o seu poder. Quem pôs fim a Oliverotto e ao seu aliado Vitellozzo foi César Bórgia, pois ambos eram aliados dos Orsini e dos Vitelli, forças que o duque decidiu extinguir por considerá-las infiéis e perigosas para a sua estratégia de conquistas. Em suma: o que Maquiavel mostra é que, de alguma forma, Agátocles encontrou um remédio para atenuar os seus males, enquanto Oliverotto sucumbiu neles pela sua reincidência.

Note-se que Maquiavel apresenta outro caso: o de Hierão de Siracusa, que vivia como simples cidadão e se tornou príncipe. Tal como Moisés, Ciro, Teseu e Rômulo, recebeu da sorte apenas a oportunidade, pois os siracusanos encontravam-se oprimidos. Sendo eleito capitão por estes, ele alcançou o principado pelo merecimento, lutando contra os mamertinos, depois contra os cartagineses, mas aliando-se a eles mais adiante para dar início à primeira guerra púnica. Por fim, submetendo-se aos romanos ele conseguiu uma paz relativa para Siracusa.

Hierão tinha virtude e mérito, mas não alcançou a glória pela significação menor, menos universalizante, de suas ações. Dizendo-se descendente da linhagem nobre, foi-lhe penoso conquistar o poder, mas o manteve com facilidade. Siracusa não tinha aquelas condições necessárias e a aptidão para a conquista. Cidade pequena, sem grande número de pessoas, sem um conflito interno significativo, seu objetivo maior era a segurança e a unidade interna, não estando apta a expandir-se. Aqui estabelece-se que para alcançar a glória são necessários grandes feitos, de projeção e dimensão universalizante, de caráter paradigmático em termos de ações ou de palavras. É necessário que seja algo que perdure no tempo, seja pela sua significação, seja pela exemplaridade que projeta para o futuro e pelo modelo paradigmático em que se constitui.

CAPÍTULO IX

AS ELEIÇÕES E A ASTÚCIA AFORTUNADA

9.1 O conflito entre o povo e os grandes

Maquiavel designa como principado civil aquele no qual o líder ascende pelo favor ou apoio dos seus concidadãos e não por outro meio qualquer, como crime, conquista pelas armas etc. Trata-se da ascensão por eleições. Neste tipo de ascensão, o líder não depende nem tanto da sua *virtù* e nem tanto da *fortuna*, mas de uma "*astúcia afortunada*", diz Maquiavel. Se a "*astúcia afortunada*" é a qualidade principal no processo eleitoral, isto não significa dizer que o líder que disputa eleições não deva ter *virtù*. Também não significa que não possa ser corrupto, criminoso ou depender de outros. É fato evidente que, nas repúblicas modernas, nas quais prevalece o modo eleitoral para conquistar o poder, os líderes carecem tanto de *virtù* para disputar, quanto para governar. Há uma indubitável ausência de *virtù* na liderança moderna, principalmente no mundo contemporâneo, substituída pelo cálculo, pela manipulação do marketing, pelo charlatanismo e pelo populismo.

Maquiavel indica que, nas eleições, nem sempre aquele que é o mais virtuoso triunfa e que a vitória também não depende exclusivamente da sorte. O ideal é que o líder seja virtuoso e bem afortunado. A "*astúcia afortunada*" é uma combinação entre uma capacidade operativa específica, a esperteza, com a *fortuna*.

Na medida em que na política (e nas eleições) se está entre lobos, será necessário ter a astúcia da raposa ou da serpente. O candidato precisa ser hábil, astuto, ardiloso, esperto, manhoso, arguto. É preciso jogar segundo as circunstâncias. Em determinadas situações é preciso agir com simulação, dissimulação, ser solerte e ardiloso. Em outras, ser arguto, convincente, afável, solícito, sociável, educado, maneiroso. Trata-se de levar sempre em conta as circunstâncias e o público. Em parte, deve-se agir e falar segundo o que o público espera, mas, em parte, deve-se levar o público para um devaneio convincente, fazendo-o acreditar numa miragem, numa ilusão onírica, mas que seja também uma fantasia concreta, algo que não é real, mas que possa ser possível. Em suma, o bom candidato é aquele que é ambivalente: uma combinação de sinceridade e malícia, de fantasia e realidade, de advertência e promessa, de dificuldade e ilusão. A jeremiada política é eficiente no jogo eleitoral. É preciso usar com maestria o jogo do temor e da esperança. Na medida em que o eleitor define suas opções a partir do par ambivalente emoção/razão, a *astúcia afortunada* deve saber como jogar com esse par e em que grau e peso deve combinar a fórmula.

Para Maquiavel em todas as cidades (ou Estados) existem dois humores, duas tendências diversas: a do povo e a dos grandes. Trata-se de uma divisão clássica, universal, sem que se anulem outras subdivisões. São dois humores, dois pontos de vista, dois desejos, duas formas distintas de sentir e ver a realidade, duas potencialidades. Isto não significa que gente do povo não adote o humor dos grandes e nem que gente dos grandes não adote o humor do povo. No meio dos dois humores há uma série de combinações e gradientes de ambos.

Os dois humores não são, ainda, duas formas concretas de opção política, mas esses desejos podem se configurar em oposição no momento das escolhas. Para que isto ocorra, no entanto, será preciso que esses humores sejam trabalhados, estimulados, orientados. Na sua existência empírica, aparecem como potências, possibilidades. Esses desejos diversos, de acordo com Maquiavel, nascem do fato de que "o povo deseja não ser dominado e oprimido pelos grandes e os grandes desejam dominar e oprimir o povo".

Ao dizer que desses diferentes apetites resulta como efeito "ou principado, ou liberdade ou licença", Maquiavel indica que das eleições surge ou um principado eleito na forma de um governo civil, ou uma república popular ou uma desordem política. O principado civil expressaria uma certa relação de equilíbrio entre o povo e os poderosos, mas com predominância dos últimos, enquanto a república expressaria uma clara hegemonia do povo em relação aos grandes. Já o terceiro efeito consistiria numa situação instável, de desgoverno, na qual nenhum grupo consegue imprimir direção e sentido ao Estado. O desfecho, neste caso, em regra, é uma guerra civil, uma tirania (ditadura) ou uma sucessão de governos alternativos imersos em crises prolongadas.

O principado civil ou governo civil nasce de uma eleição. As eleições geram quase sempre uma situação de equilíbrio, pois a parte derrotada também pode contar com um número significativo de votos e de força organizada. Ele resultaria de uma situação na qual os grandes não conseguiriam implantar uma monarquia tradicional, hereditária, ou um governo autocrático, e o povo não conseguiria implantar a república popular. A parte vitoriosa terá sempre mais meios de poder nesse jogo. Cabe à oposição desenvolver todos os esforços para manter uma equação de equilíbrio com a parte vitoriosa. Somente o equilíbrio é capaz de garantir a estabilidade e a perdurabilidade do sistema de governo civil. O líder eleito tem uma responsabilidade central para manter o equilíbrio entre as partes, evitando a radicalização dos conflitos. Mesmo se o governante é eleito pelos poderosos, a manutenção do equilíbrio depende da capacidade de satisfazer o povo.

Nas eleições um dos dois humores, uma das duas tendências, o do povo ou o dos grandes, tem o atributo de estabelecer o governo. A vitória de um ou de outro depende muito das circunstâncias, da oportunidade de cada um dos dois partidos, da *astúcia afortunada* do candidato e da sua *virtù*. Não há nada de exclusivo nessas composições de fatores.

O jogo de astúcias começa já na escolha dos candidatos. Para vencer, em regra, é preciso que os candidatos sejam reputados. Os partidos trabalham para construir e projetar as reputações. É preciso saber também quais são as aspirações, as expectativas, as sensibilidades, as inclinações e as tendências do eleitorado. O partido dos grandes busca um candidato com o qual almejam repartir o poder. O partido popular busca um candidato que seja capaz de proteger o povo da dominação dos grandes e de satisfazer-lhe as necessidades. De modo geral, os humores se expressam através de partidos, de organizações políticas ou, simplesmente, através de líderes. Tanto o humor do povo quanto o humor dos grandes podem ter várias expressões e representações, em conformidade com suas gradações internas.

Para Maquiavel, aquele que se elege com o apoio dos poderosos terá mais dificuldade para se manter e governar do que aquele que se elege com o apoio do povo. Os grandes sempre são ciosos do poder e, muitos, se julgam superiores ao próprio eleito. O governante terá mais dificuldade para comandar, manejar e manobrar, sendo difícil dirigi-los. O risco daquele que é eleito pelo povo é o isolamento: ou não tem ninguém ao seu lado ou, tendo, se trata de pessoas despreparadas ou interesseiras. A principal garantia do governo popular consiste em ter o apoio do povo. Ao perdê-lo, tende a cair. É depois de eleito que o líder precisará mais da *virtù* e de capacidades operativas. Maquiavel termina por ver uma vantagem naquele que é eleito pelo povo:

> Não se pode honestamente satisfazer os grandes sem injuriar os outros, mas o povo pode ser satisfeito: porque o fim do povo é mais honesto do que o dos grandes, querendo estes oprimir e aquele não ser oprimido.[46]

Não há como satisfazer os objetivos dos poderosos sem causar mal ao povo e ao bem comum: os poderosos querem riqueza e mais riqueza e, para consegui-la, precisam oprimir. Trata-se de objetivos e condutas desonestos. Ao não querer ser oprimido, o povo quer o bem-estar e a sua dignidade humana, que é a liberdade, no âmbito de uma sociedade justa. A liberdade junto com o bem-estar, pois aquela não existe sem este. O que se tem aqui é o ideal de uma sociedade de equilíbrio na qual as diferenças materiais sejam suportáveis, sem as misérias do povo e sem a opulência dos ricos.

9.2 A *virtù* natural do povo e a malvadez natural dos grandes

Outra questão que é suscitada no embate entre o povo e os grandes é a de que o povo é portador de uma *virtù* natural em contraposição aos poderosos, que são portadores de uma maldade natural. Ao querer a liberdade, o seu bem-estar e não querer ser oprimido, o povo é portador da potência natural do bem. Ao querer mais riquezas, mais luxo e satisfazer o seu egoísmo, os poderosos buscam usar instrumentos de opressão para satisfazer os seus desejos e inclinações naturais. Assim, os poderosos carregam a potência natural do mal.

O problema é que ao serem sublimadas e trabalhadas no plano político, no plano das consciências, as potências naturais das duas partes podem mudar. Embora difícil, pode ocorrer que haja uma elite virtuosa, sabedora de que a prosperidade e a

---

46 MACHIAVELLI, Niccolò. *Tutte le opere storiche, politiche e letterarie*. Roma: Grandi Tascabini Economici Newton, 1998, p. 23.

estabilidade de um Estado dependem do equilíbrio e da garantia de direitos de sentido universalizante. Por outro lado, o povo pode ser enganado, extraviado, em relação à percepção de seus próprios objetivos. Demagogos e charlatões podem induzi-lo a escolhas que contrariem seus interesses. Neste ponto, somente líderes virtuosos e reputados podem reconduzi-lo ao caminho da realização da sua potência virtuosa natural.

Maquiavel reafirma uma tese que é recorrente em *O Príncipe*: "entretanto, do povo como inimigo um príncipe não pode se assegurar nunca, porque são muitos; dos grandes pode se assegurar, porque são poucos".[47] Desta forma, está dito que a maior e a melhor fortaleza do governante é o apoio do povo. Quando o povo o apoia dificilmente o líder sofrerá um ataque direto por parte dos poderosos e dos adversários. Estes procurarão fazer manobras e adotar táticas de desgaste e de erosão de suas bases de apoio. Por isso, visando impedir fissuras, será necessário estar sempre em prontidão, agindo com rapidez e eficácia para debelar esses ataques laterais.

Para preservar-se do ataque dos poderosos e dos inimigos é necessário estar sempre junto ao povo, ter o apoio deste, satisfazendo-o. A prontidão, tal como na atividade militar e na arte da guerra, é uma dimensão irrenunciável na atividade política, principalmente para quem exerce a liderança e o poder. Trata-se de uma atitude de prudência, exercendo uma atividade que evita, no mínimo posterga, o desgaste e a ruína. O governante imprudente não estará atento para esta situação e só tentará agir quando será muito difícil recuperar a reputação e as condições adequadas para o bom exercício da governabilidade. Não é incomum o governante que perde o apoio do povo perder também o poder. Negligência, indolência e corrupção são atitudes que levam à imprudência e à erosão da credibilidade, da legitimidade e da reputação dos governantes.

---

47 MACHIAVELLI, Niccolò. *Tutte le opere storiche, politiche e letterarie*. Roma: Grandi Tascabini Economici Newton, 1998, p. 23.

Se do povo o governante pode esperar o abandono, dos poderosos ele pode esperar, além do abandono, o ataque, pois eles "têm maior visão e mais astúcia". No jogo do poder eles se aproximam mais daquele que tende a ser vitorioso. Assim, eles não têm escrúpulos em abandonar um aliado e abraçar a causa de outro se isto for favorável aos seus interesses. É por isso que um líder, um governante, jamais pode confiar em demasia e precisa estar sempre em alerta para com as traições, já que os homens são volúveis e gananciosos.

O egoísmo e os interesses falam mais alto do que considerações morais sobre fidelidade, sobre fins éticos e preceitos religiosos. Precaver-se contra as traições e os ataques, vindos até mesmo de aliados, é também é uma atitude de prudência. Se a regra geral irrenunciável é assegurar sempre o apoio do povo, em relação aos poderosos o governante deve saber jogar de acordo com as conveniências e as circunstâncias, podendo ele, por sua vontade, para garantir-se, "a qualquer tempo se aproximar deles, fazer e desfazer e dar e retirar agrado e reputação", diz Maquiavel. Neste jogo do fazer e desfazer, do dar ou retirar reputação aos poderosos, o governante pode, ainda, buscar uma situação de equilíbrio entre os vários interesses, evitando levá-los ao desespero, circunstância que os levaria ao ataque.

Quando o líder perde o apoio do povo, perde sua condição de autonomia. O povo, por ter menos recursos materiais, tem também menos autonomia de ação. Por isso mesmo, ele tem mais necessidade de líderes fortes, que o representem e que o defendam e que ajam, no Estado, para defender e implementar os seus interesses. Existe uma dupla dependência entre a autonomia do governante e a autonomia do povo: a autonomia de um depende da autonomia do outro. A força de um depende da força do outro. Pela sua própria condição, o povo se imiscui menos nas coisas do Estado e do governo. Somente a sua organização, a sua unidade e a sua representação por líderes fortes, honestos e comprometidos lhes darão maior poder de interferência.

Quando o povo abandona o líder que o representava, ele não vai muito além desse abandono. Já os poderosos representam um perigo maior: além de abandonar o líder, eles o atacam. Duas condições interdependentes habilitam o ataque dos poderosos: as condições econômicas e materiais e a autonomia. Pelas suas condições econômicas e materiais, eles têm mais autonomia e mais forças para mobilizar e organizar o ataque. Os poderosos têm mais consciência dos seus interesses e têm mais capacidade de analisar e perceber as tendências dos acontecimentos. Ter a capacidade de enxergar "mais longe" os impele a agir para preservar os seus interesses e seus bens. É a própria condição de autonomia, conferida pelas condições materiais, que os faz "mais astuciosos".

O que Maquiavel quer dizer é que "salvaguardas" dos poderosos consistem na combinação de dois elementos: as condições materiais conferem a eles maior autonomia no agir, melhor correlação de forças e maior consciência de seus interesses. Nos momentos críticos, os poderosos, além de se aproximar daquele líder ou grupo propenso a vencer, procuram ditar os termos e as condicionalidades dessa aproximação.

Maquiavel percebe dois grupos no seio dos poderosos em relação ao governo popular. Um grupo que se alia e pauta suas ações com os destinos do governante, com seu programa, e outro não. Em relação ao primeiro grupo, o governante deve respeitá-los, desde que não sejam rapinantes. No segundo grupo há uma subdivisão: um grupo é adverso ao governo por pusilanimidade, preconceito e por defeito natural de caráter. O governante deve jogar com estes, servindo-se deles, principalmente se podem fornecer bons conselhos. Nos "tempos felizes", de calmaria, esse grupo se sentirá satisfeito pela atenção e pela lisonja e, nos tempos adversos, tendem a ser inofensivos. Já com aqueles que, deliberadamente, não se obrigam com o governante é preciso temê-los e precaver-se como se fossem inimigos, porque nos tempos adversos eles estarão prontos para agir e promover a ruína do governante. Mesmo que ajam de forma disfarçada e oculta, precisam ser tratados como inimigos explícitos. Esta é uma atitude prudencial pela qual o governante se previne e providencia remédios para males futuros.

Maquiavel recomenda que o governante, seja ele eleito pelo partido do povo ou pelo partido dos poderosos, deve buscar o apoio do povo. No primeiro caso, o governante terá mais facilidade, bastando manter-se amigo do povo, fiel aos seus compromissos e não deixar que o povo seja oprimido. No segundo caso, o governante deve procurar conquistar o apoio do povo e isto será conseguido se ele se tornar seu protetor. O povo sentirá gratidão a este governante, pois nada esperava dele. Em qualquer um dos casos, se o governante tem o apoio do povo poderá opor resistência à força dos poderosos, sejam elas internas ou externas.

Maquiavel refuta a tese de que um líder que se apoie no povo "tem os alicerces em pés de barro". Evidentemente, o apoio do povo se constitui em grande fortaleza se o governante cumprir determinadas precondições. Antes de tudo, o governante deve ter coragem e saber comandar o povo. Alguém que se torne repentinamente popular, mas que não sabe comandar o povo, enfrentará dificuldades para liderar ou para governar. Será um mero epifenômeno resultante de uma crise, de um interregno ou de uma sociedade sem virtudes. Poderá ser também produto de uma construção demagógica, um líder artificial, criado pelas técnicas de propaganda.

Mas, em se tratando de um líder corajoso, que saiba comandar, com raízes e reputação popular, terá condições de persistir mesmo nas adversidades. Ele sobreviverá desde que adote todas as precauções inerentes ao exercício do poder. E se, além da coragem e da abnegação, não se abater com as desditas das circunstâncias e da *fortuna*, se for capaz de incutir confiança no povo pelo exemplo e pelo seu valor e *virtù* próprios, mantendo e renovando os compromissos e a lealdade para com o povo, poderá manter-se líder. O povo tende a seguir tal líder por lealdade e gratidão até mesmo nos momentos de grandes adversidades e nas condições que exigem sacrifícios.

O povo, de modo geral, segue líderes corajosos. A coragem é a mais elementar e cardeal das virtudes políticas. Ela inspira confiança no povo. O líder corajoso, se prudente, pode enfrentar perigos inauditos, pode mudar o curso normal dos acontecimentos. A coragem cria-lhe uma fortaleza inquebrantável de ânimo e de caráter que o faz enfrentar as mais duras adversidades. A coragem empurra o líder para a ação e para o combate. Somente com coragem é possível criar o novo na política. O apoio do povo será fortaleza inexpugnável se o líder o comandar e o dirigir de forma permanente. Só assim, o líder incute confiança e lealdade no povo e, assim, este o segue e não o abandona.

9.3 Os momentos críticos

Ao discutir o problema de uma possível transição de um governo civil para um governo monocrático (monárquico, no caso), no Capítulo IX de O Príncipe, Maquiavel indica que os momentos críticos e de transição de um sistema político são os mais perigosos. As circunstâncias, a rigor, são assemelhadas nas transições em geral, de um sistema de governo a outro, como consequência de crises. Isto vale nas transições de repúblicas para autocracias e de autocracias para repúblicas e também para momentos de crises generalizadas no interior de um próprio sistema político, quando se tem a transição de um governo para outro.

Nos momentos críticos, a autoridade, além de se corroer, pode se dispersar. O líder pode perder a autoridade sobre os comandados. Estes podem trair ou, simplesmente, não obedecer ou não apoiar o governante. Os altos escalões subordinados ao governante podem passar para o lado do inimigo. Nestes momentos, o melhor que o líder tem a fazer é comandar diretamente suas forças e o próprio povo, buscando reconstruir sua legitimidade e sua reputação. A pior situação consiste em permanecer isolado dentro do palácio enquanto sua autoridade erode.

Nos momentos críticos, em regra, há também uma crise generalizada de confiança e de liderança. Há uma escassez de líderes nos quais se pode confiar, seja pelo colapso do sistema vigente, cujos principais responsáveis são as lideranças existentes que também colapsam, seja porque não se firmou uma nova liderança virtuosa, competente e confiável para o povo.

Nas crises, a liderança não pode agir normalmente como se os tempos fossem de calmaria. Nos tempos de calmaria as fidelidades gerais – dos subalternos, dos aliados e do povo – são mais estáveis. Já, nos momentos críticos, há uma maior propensão para uma instabilização geral das fidelidades, para um rompimento das alianças e uma instabilização geral das relações. Nestes momentos, o líder necessita adotar medidas excepcionais de comando, reforçando suas linhas de defesa e adotando barreiras e ataques para conter a crise e se defender.

Em momentos de crise aumenta a intensidade das críticas e das ações voltadas para a erosão da autoridade do governante. O povo costuma se dividir e se dispersar em várias direções. Somente um líder com coragem e capacidade de comando, contando com uma força organizada e disciplinada, pode conter a dispersão agregando em torno de si a confiança de que ele é a melhor alternativa para superar a crise.

Por fim, e isto é crucial, o governante, o líder, deve estabelecer tal relação com o povo e com os cidadãos fazendo-se sempre necessário a estes. Deve agir de tal forma para que eles acreditem que nenhuma alternativa à dele é melhor para os governados. A fidelidade é uma via de mão dupla: os governados se manterão fiéis se o líder lhes for necessário. E o líder se manterá necessário se for convincente e se incutir confiança de forma permanente no povo. Nenhum líder pode confiar numa fidelidade assentada sobre feitos ou compromissos do passado. A relação com o povo e o seu benefício precisam ser sempre repostos e renovados, renovando-se assim o pacto de fidelidade e de confiança.

9.4 O duplo poder das teocracias

Ao tratar dos principados eclesiásticos, Maquiavel indica que aqueles príncipes mantinham o seu poder assentado sobre os "costumes tradicionais da religião". Os príncipes eclesiásticos – bispos, arcebispos e cardeais – tinham o poder concedido pelo papa. Eles adquiriram o Estado por habilidade ou por favorecimento da sorte e não necessitavam de nenhuma das duas para manter-se. Esses príncipes teriam Estados que não defendiam e súditos que não os governavam. Mesmo assim, os súditos não cuidariam de derrubar esses príncipes. Somente os principados eclesiásticos seriam seguros e felizes. Neste ponto, Maquiavel torna-se irônico: as razões para tanto seriam inalcançáveis pelas mentes humanas, pois são "exaltadas e mantidas por Deus", não cabendo comentá-los.

Até o papado de Alexandre VI, o poder temporal da igreja pouco importava aos príncipes. Mas daí em diante os reinos europeus respeitavam esse poder. Nos papados anteriores, os papas sempre estavam envolvidos em lutas facciosas e duravam pouco. Além disso, outros poderes fortes no interior da Itália – Veneza, Milão, Florença e Nápoles – impediam o fortalecimento da igreja.

O papa Alexandre VI se impôs pelo dinheiro e pela força, valendo-se do seu filho César Bórgia. Quando os franceses invadiram a Itália, ele conseguiu reunir forças para expulsá-los. De acordo com Maquiavel, seu objetivo não era o engrandecimento da Igreja, mas do filho. Mas suas ações resultaram no fortalecimento da Igreja, pois Valentino morreu antes da consolidação de seu poder. Júlio II manteve e consolidou o poder acumulado por Alexandre VI e exerceu o controle sobre as facções dos barões de Roma, particularmente os Orsini e os Colonna. Essas facções eram manobradas para fortalecer o poder da Igreja. O papa Leão X (1475-1521) herdou um pontificado poderosíssimo, conquistado pelos papas anteriores.

A Igreja de Roma começou a declinar no seu poder terreno a partir da Reforma Protestante, da consolidação das monarquias europeias, das guerras religiosas e da centralização e desenvolvimento do Estado nacional a partir do Tratado de Westfalia. Nesses processos todos, além da divisão da cristandade do Ocidente entre católicos e protestantes, a Igreja de Roma perdeu poder político e muitos dos seus bens foram tomados por monarcas e por outras designações religiosas, como foi o caso típico do anglicanismo.

Mas o que Maquiavel indica acerca dos Estados teocráticos é que, neles, o poder é duplicado. Ele é um poder de Estado e é um poder de Deus. Os indivíduos que vivem sob esse duplo poder temem o poder do Estado e do governante e temem o poder de Deus, alimentando o medo do castigo após a morte. Além do caráter geralmente autoritário e persecutório desses Estados é, também, este duplo poder que faz com que neles os súditos, mesmo não governados ou mal governados, raramente se revoltem.

PARTE II

A FORÇA COMO FUNDAMENTO DO PODER

CAPÍTULO X

A LEGITIMIDADE DO LÍDER

A segurança política e militar de um líder e de um governante está diretamente ligada ao apoio que ele tem ou não tem do povo. No capítulo X de *O Príncipe*, Maquiavel aponta que, a esse respeito, de modo geral, existem dois casos: 1) os governantes que governam Estados fortes e que têm apoio do povo, dinheiro e homens numerosos para formar e defender-se por força própria; 2) os governantes que governam Estados com forças insuficientes e que, com o objetivo de se defenderem de inimigos poderosos, dependem de forças auxiliares para evitar as derrotas. Nesse caso, tais Estados não contam com as condições materiais de defesa própria. Dependem de outros. Mesmo nesses casos, tais governantes que não tenham grandes condições materiais de defesa, mas que contam com o apoio do povo, estarão menos propensos de serem atacados ou serão atacados com muita cautela pelos inimigos. As forças políticas e militares em geral tendem a não se arriscar quando vislumbram grandes dificuldades e evitam atacar governantes que contam com o apoio do povo, mesmo em Estados pequenos.

O governante, recomenda Maquiavel, deve fortificar suas cidades com meios de defesa, com estoques para resistir a cercos, com treinamento militar permanente e contar com o apoio do povo, não sendo odiado por este. Estas recomendações valem também para a esfera política. O governante nunca deve deixar de fortalecer o seu poder no Estado e no partido e, se possível, deve ampliá-lo. Deve controlar e estimular seus auxiliares, honrando-os sempre que merecem, estabelecendo um controle deles através de um permanente acompanhamento de suas atividades, impedindo que a indolência e a desordem tomem conta de seu governo. Sem ter confiança excessiva e nem desconfiança em demasia, deve saber sempre dos resultados das ações políticas e administrativas do conjunto de seu governo.

Maquiavel nota que durante cercos e longos assédios, com queima e destruição de propriedades, provoca-se grande desconforto e até desconfiança no povo. Situação similar ocorre nos embates políticos, onde, não raras vezes, o governante é submetido a ataques a partir de mentiras, de acusações falsas, que visam desmoralizá-lo e deslegitimá-lo. Nestes momentos, o líder precisa mostrar-se corajoso e forte para superar as dificuldades e desafios, pois

> um príncipe prudente e animoso superará sempre todas aquelas dificuldades, dando aos governados, ora a esperança de que o mal não será longo, ora o temor da crueldade do inimigo, ora assegurando-se com destreza contra aqueles que parecem muito ardilosos.[48]

O líder precisa saber lidar com o par antinômico temor/esperança de forma recorrente, principalmente nos momentos de crise. A esperança consiste em mostrar que há uma saída factível para a crise e que ela não perdurará por muito tempo. O temor consiste em mostrar que qualquer alternativa que não seja aquela que o governante (ou o líder) oferece será muito pior, podendo sobrevir sofrimentos inauditos, desordens e tragédias. Mas o jogo com esse

---

48 MACHIAVELLI, Niccolò. *Tutte le opere storiche, politiche e letterarie*. Roma: Grandi Tascabini Economici Newton, 1998, p. 25.

par só funciona se o líder for corajoso e mostrar tenacidade no comando e capacidade para resolver os problemas.

Em situações de grandes crises, quando está em jogo o próprio poder e não apenas uma guerra de desgastes, o líder deve estar preparado para enfrentar o primeiro ataque, pois ele tende a ser mais forte. Nos momentos de grande sofrimento popular, sejam eles provocados por crises ou guerras, o líder deve comprometer-se com o povo sugerindo que ele (o líder) é seu devedor. Assim, o povo confiará mais nele, pois verá compromisso e sinceridade de propósitos do líder para tirar o povo daquela condição de sacrifícios. A esse respeito, diz Maquiavel: "é da natureza dos homens assim de obrigar-se tanto pelos benefícios que se fazem como por aqueles que receberam".[49]

Maquiavel conclui que nos momentos críticos, não será difícil o líder controlar o ânimo do povo desde que seja prudente, tendo provisionado antes meios de defesa e meios para atenuar o sofrimento do povo. Somente assim terá condições de mantê-lo persuadido, convencendo-o de que ele o guiará para uma situação melhor e para uma saída da crise.

10.1 Manutenção do poder: as boas leis e as boas armas

Qualquer que seja a forma de governo constitucional, a melhor maneira para manter o poder consiste numa combinação de boas leis e de boas armas. Boas armas são sempre armas próprias, bem treinadas e sempre prontas. Maquiavel entende que este é o melhor alicerce de um Estado bem ordenado, no qual o poder e a estabilidade perduram. Para ele, há uma interdependência entre boas leis e boas armas. Estas últimas podem ser entendidas tanto

---

49 MACHIAVELLI, Niccolò. *Tutte le opere storiche, politiche e letterarie*. Roma: Grandi Tascabini Economici Newton, 1998, p. 26.

como forças armadas próprias para a defesa externa, quanto boas forças policiais para manter a ordem interna. Boas leis são aquelas que garantem o bom ordenamento dos cidadãos, a liberdade e a justiça e o bom funcionamento do Estado e do governo.

As boas leis não subsistem sem o fio da espada, pois é nesta que se funda a sua validez. As boas armas devem estar submissas e a serviço das boas leis. No ato de terror fundante nasce esta interdependência entre boas leis e boas armas. Na medida em que as boas leis se tornam costume, principalmente através da boa educação, as armas vão se tornando apenas uma reserva que é ativada de tempos em tempos, quando necessário. Nos *Discorsi*, Maquiavel propõe a manutenção permanente da tríade virtuosa boas leis-boa educação-boas armas como a alma constitutiva dos Estados bem ordenados.

Para evitar riscos, o governante deve garantir a fidelidade das forças armadas. Maquiavel indica a existência de quatro tipos de forças militares (milícias): 1) próprias, 2) mercenárias, 3) auxiliares, 4) mistas. As mercenárias são as mais inúteis e perigosas. São covardes, "desunidas, ambiciosas, indisciplinadas e infiéis. Mostram-se valentes entre amigos, mas covardes perante os inimigos; não temem a Deus e não são leais aos homens".[50] A ruína de um governante que se fia nessas milícias é certa e tende a ocorrer no primeiro ataque inimigo. Segundo o autor, um príncipe que funda seu poder nessas milícias é espoliado por elas nos tempos de paz e pelos inimigos nos tempos de guerra.

A motivação das forças mercenárias é o soldo e o botim, que consideram sempre insuficientes por arriscarem a sua vida. Maquiavel via a ruína da Itália do seu tempo no uso sistemático de forças mercenárias. Essas forças pareciam valentes quando combatiam entre si. Na verdade, combatiam pelo botim. Mas

---

50 MACHIAVELLI, Niccolò. *Tutte le opere storiche, politiche e letterarie*. Roma: Grandi Tascabini Economici Newton, 1998, pp. 27/28.

bastou que Carlos VIII, da França, invadisse a Itália para que se revelasse toda a sua covardia. Os príncipes e líderes italianos pagaram alto preço por usarem milícias mercenárias. Além disso, os capitães mercenários competentes ambicionam o poder para si, que é um perigo adicional à tradicional covardia e traição das forças mercenárias.

Aplicando a conversibilidade da situação militar para a situação política, a mesma situação se verifica no plano político. O líder que depende de forças mercenárias, cujo principal móvel é a ocupação de espaços de poder e a corrupção, tende a tornar-se dependente das mesmas ou até a perder o poder. Esses partidos usam a chantagem para alargar o seu poder, principalmente nos momentos de decisões políticas importantes. Se o líder tem forte apoio popular, o apetite dos partidos mercenários é mais moderado, pois dependem desse líder para permanecer no poder, e as alternativas não são mais atrativas do que a representada por esse líder. Mas quando o líder se enfraquece junto ao povo ou nos momentos de crise, esses partidos avançam no ataque. Primeiro, exigem mais espaços e recursos. Depois, passam a conspirar visando controlar o próprio poder. Quando a correlação de forças pende desfavorável ao governante, as forças mercenárias o abandonam. Os líderes dos partidos mercenários, que se julgam mais competentes e capazes do que o governante que servem, ambicionam o poder para si.

Vendo a erosão do poder do governante, seus inimigos o atacam com mais força e agem para forjar e atrair a dissidência, provocar a traição. Os aliados mercenários e auxiliares tendem a desertar. Em muitos casos assumem o comando da investida e, em outros, se aliam e servem o líder inimigo. No desfecho, se o governante não perder o poder e conseguir se manter, se torna refém das forças mercenárias. Mas, geralmente, dessas circunstâncias nascem as traições, os golpes, as deposições e, hoje, os *impeachment* dos governantes.

Para Maquiavel, as forças militares devem estar sempre submetidas ao poder civil, seja ele monárquico ou republicano. No caso das monarquias, o príncipe deve comandá-las pessoalmente. No caso das repúblicas, deve ser escolhido um comandante civil entre os cidadãos. Se ele for competente e fiel à república, dificilmente as forças militares se rebelarão.

Existem cinco razões principais para que o poder civil comande as forças militares: 1) O presidente, primeiro-ministro ou príncipe são as expressões políticas e simbólicas da unidade do povo e ponto mais alto de um sistema de hierarquias políticas; 2) o poder militar deve ser um poder subordinado, a serviço dos interesses do povo que se definem no processo político; 3) como força em armas o poder militar deve estar submetido a controles para que não abuse de sua condição de estar em armas; 4) se o comando supremo das forças militares fosse militar o risco da insubordinação, da indisciplina e das conspirações seria muito maior; 5) com o surgimento da ordem estatal, a guerra se torna função da política. A guerra passa a atender a objetivos políticos. Assim, é a política quem deve comandar a guerra e as forças armadas existem para atender os objetivos da defesa do Estado.

É necessário considerar que o princípio de organização do Estado, ao menos do Estado constitucional, se assenta sobre sua natureza civil: é uma comunidade de cidadãos. Suas instituições fundamentais têm uma natureza civil. O topo da hierarquia, por isso, deve ser civil. E em sendo as forças militares forças com armas, fator que lhe confere poder persuasivo e dissuasório, se não estiverem submetidas ao controle e ao comando civil podem se constituir em ameaça ao mesmo e podem agregar e utilizar meios de poder armado autônomo. Em sendo forças em arma, elas não podem ser autônomas. Estão a serviço do Estado cuja natureza é civil. Por isso, o comando supremo dos militares deve ser civil.

No mundo antigo, dois casos diferentes – Roma e Esparta – são indicados por Maquiavel, como exemplos de perdurabilidade de Estados fundados no serviço de forças próprias, o que contribuiu para que se mantivessem livres por séculos. Já os cartagineses teriam sido molestados por forças mercenárias que eles contrataram no final da primeira guerra contra os romanos. Em que pese a bravura e a ferocidade dos comandantes cartagineses, o excessivo peso das forças mercenárias em suas fileiras contribuiu para a derrota contra Roma.

Maquiavel não descarta a possibilidade de uso de forças mercenárias em casos de necessidade. Mas, nesses casos, o Estado e o líder enfrentarão menor perigo se eles próprios as comandarem, restringindo a liberdade de comando dos capitães contratados. Os venezianos, por exemplo, mantiveram sua liberdade e conquistaram glórias enquanto eram defendidos e combatiam com seu povo e seus nobres armados. Mas não tinham as condições necessárias à expansão. Começaram a se enfraquecer quando tentaram conquistar territórios no continente com auxílio de forças mercenárias.

10.2 A necessidade de centralização e coordenação do poder

Ao explicar o aumento do poder da Igreja na Itália e a sua subsequente fragmentação, no capítulo XII de *O Príncipe*, Maquiavel indica que nem sempre as mudanças que acompanham a superação das crises são boas. No trânsito da Idade Média para a Era Moderna, a Itália experimentou o colapso do poder do Império e o crescimento do poder da Igreja. Nessa transição, em muitas cidades ocorreram rebeliões de cidadãos que pegaram em armas para depor os nobres tradicionais. Muitas dessas rebeliões foram apoiadas pela Igreja que queria enfraquecer o poder do imperador e da nobreza para aumentar o seu próprio poder. Com o enfraquecimento da nobreza tradicional, simples cidadãos se tornaram príncipes, surgiram repúblicas e várias cidades ficaram sob o domínio da Igreja. Na medida em que os novos príncipes e os cardeais não estavam habituados às armas, contrataram milícias mercenárias para defender as cidades. Isto deixou a Itália sem um centro de poder, embora a Igreja tivesse muito poder, e à mercê das forças estrangeiras, a exemplo da França e da Espanha.

Muitos desses chefes de milícias se apoderaram de cidades, como foi o caso dos Sforza em Milão. Algumas cidades, incluindo Milão, adquiriram tanto poder a ponto de se tornarem uma espécie de árbitros das contendas italianas. O poder desses chefes de milícia, para Maquiavel, foi a principal causa do enfraquecimento da Itália e da subsequente invasão por Carlos VIII, da pilhagem de Luís XII (1462-1515), ambos da França, e da opressão de Fernando de Aragão (1452-1516) e, finalmente, a península foi vituperada pelos suíços.

Os comandantes de milícias, os *condottieres*, não tinham nenhum projeto nacional para a Itália. Sua preocupação principal era "aumentar o prestígio deles próprios e diminuir o da infantaria", diz Maquiavel. Não eram capazes de manter uma infantaria numerosa. Suas milícias eram constituídas quase que exclusivamente de cavalaria. Com isso, precisavam de menos homens e gastavam menos. Na guerra, as forças mercenárias se recusavam a cumprir uma série de tarefas, como não cercar seus acampamentos, não atacar cidades à noite e não combater no inverno. Quando existiam milícias mercenárias em lados opostos, umas se entregavam às outras para depois serem libertadas sem pagamentos de resgate. No código militar das milícias mercenárias, buscava-se evitar o trabalho e os perigos, o que fez com que a Itália fosse conduzida "à escravidão e à infâmia", diz Maquiavel, referindo-se aos senhores que ascenderam ao poder chefiando forças mercenárias.

Sendo a política a continuidade da guerra por outras formas e outros meios, situações análogas às descritas acima ocorrem também no campo político. Quando o poder central depende de várias forças que representam múltiplos interesses fragmentados, a governabilidade se torna difícil e instável. O governante precisa fazer muitas concessões, dispersando recursos, energias e objetivos.

Essas forças auxiliares ou mercenárias tendem sempre a exigir mais, aumentando a fragmentação e enfraquecendo o poder central. Este concede ou entra em colapso. Nas sociedades modernas, nas sociedades do trabalho, o problema não está na multiplicidade de interesses que se verificam no campo social e econômico. O problema está na incapacidade de coordenação desses interesses, o que favorece a fragmentação no campo político e gera anomalias de governabilidade e enfraquecimento do poder central.

O colapso de um poder central sem que haja uma reconstituição de uma força dirigente na saída das crises pode produzir danos por séculos seguidos. Foi o que aconteceu na Itália que só conseguiu se unificar no século XIX.

Do ponto de vista interno de um Estado, a falta de um centro dirigente proporciona a multiplicação de conflitos, tendências a guerras civis e desorganização econômica e social. Do ponto de vista externo, tal Estado perde relevância no jogo de poder e fica à mercê de ataques de outros Estados. Normalmente, esse colapso se reveste de conteúdo político-militar. Mas existem situações em que o colapso adquire uma natureza essencialmente política. Na essência, trata-se de longas crises de hegemonia, nas quais nenhuma força consegue assumir a condição de força dirigente estável, nenhuma força consegue reorganizar o Estado e coordenar os múltiplos interesses.

O que importa perceber que, seja do ponto de vista militar e territorial, seja do ponto de vista político e partidário, é preciso que haja um centro de poder coordenador de outros centros menores de poder, como cidades, exércitos, grupos, movimentos, subdivisões territoriais, partidos etc. É preciso que exista um líder reputado e legítimo, com força militar ou política, apto a exercer essa coordenação de outras forças e poderes, conduzindo uma centralização do poder pelo exercício da hegemonia, combinando força e convencimento e promovendo concessões pertinentes aos aliados.

CAPÍTULO XI

AS FORÇAS PRÓPRIAS E A AUTONOMIA PARA DECIDIR E AGIR

11.1 Como fazer alianças

De acordo com a definição de Maquiavel, tropas auxiliares são aquelas próprias de um líder poderoso que as cede para auxiliar um líder ou Estado necessitados mediante um acordo ou uma solicitação. Aplicando a lógica da conversão da situação militar para a situação política, podem ser também forças políticas organizadas em partido ou movimento que apoiam um líder ou governante necessitado por não dispor de forças próprias suficientes para governar ou para viabilizar seus empreendimentos políticos. Essas forças podem ser "boas e úteis" em si mesmas, mas são quase sempre danosas para quem as solicita "porque, perdendo, o acordo se desfaz e, vencendo, quem as solicita se torna prisioneiro delas", aponta Maquiavel no capítulo XIII de *O Príncipe*.

O perigo é tanto maior quando as forças auxiliares são estrangeiras. As forças auxiliares são mais perigosas do que as mercenárias, pois são organizadas e disciplinadas. Ademais, elas não se submetem ao comando ou à liderança de quem as solicita.

Triunfar ou governar com forças auxiliares poderosas significa perder parte da autonomia, ficando à mercê dessas forças que podem tomar a iniciativa de desfazer acordos. Quem delas se vale, perde, ao menos em parte, o poder da iniciativa. Perde capacidade de decidir e de executar as decisões. Por isso, Maquiavel lavra a seguinte sentença:

> (...) um príncipe sábio sempre tem fugido a usar essas armas, voltando-se às suas próprias. E tem preferido perder com as suas que vencer com as dos outros, julgando não ser uma verdadeira vitória aquela que com armas alheias se conquista.[51]

Este é um ponto central numa política de alianças. Se o líder e seu partido estão em processo de constituição, devem lutar com as suas forças próprias, dimensionando-as corretamente para evitar desastres. Isto é, deve enfrentar batalhas nas quais as suas forças não sejam destruídas. Podem perder batalhas, mas a meta a perseguir consiste em organizar e acumular mais forças através das lutas. Nenhuma força organizada cresce se lutar sempre à sombra e na dependência de forças maiores. Ela se fortalece afirmando a sua autonomia. Caso contrário, ficará sempre tolhida e sem espaços de escolhas, de decisões próprias e de agir independente.

A conquista da Romanha por César Bórgia constitui um estudo de caso típico para Maquiavel de como o líder deve agir quando não dispõem de forças próprias suficientes. Bórgia conquistou a Romanha conduzindo tropas auxiliares francesas, tomando Ímola e Forli. Mas, considerando-as inconfiáveis, se afastou delas e contratou forças mercenárias dos Orsini e dos Vitelli. Julgando-as dúbias e infiéis, extinguiu-as, dedicando-se à organização de sua

---

51 MACHIAVELLI, Niccolò. *Tutte le opere storiche, politiche e letterarie.* Roma: Grandi Tascabini Economici Newton, 1998, pp. 30/31.

própria força militar. O momento de maior prestígio do duque, diz Maquiavel, foi quando ele se tornou chefe de suas próprias milícias.

Maquiavel cita outros casos de constituição de forças próprias: 1) O de Hierão de Siracusa: assumiu o comando das milícias, dentre as quais estavam forças mercenárias. Os capitães eram ambiciosos, indisciplinados e infiéis. Hierão, não podendo confiar neles e nem dispensá-los, mandou que eles fossem cortados em pedaços e então constituiu suas milícias próprias; 2) O de Davi, que recusou a armadura real, oferecida por Saul, para combater Golias. Afirmou que queria combater apenas com sua funda e sua faca – com suas armas próprias. Nos dois casos se evidencia a conquista da autonomia para decidir. O líder se torna líder de fato se conquistar esta autonomia, mesmo que as condições sejam adversas.

Milícias mistas geralmente são aquelas formadas por forças mercenárias e próprias, como era o caso da França sob Carlos VII e sob seu filho Luís XI (1423-1483), que contratavam mercenários suíços. O próprio declínio do Império Romano teria origem no uso crescente de forças mercenárias nos seus exércitos, a exemplo dos godos. Os romanos perderam a coragem, a fibra e as virtudes guerreiras. Perderam prestígio que foi passando para os soldados mercenários, resultando na ruína do Império.

Maquiavel conclui dizendo que não há Estado seguro sem milícias próprias. Sem milícias próprias significa ficar na dependência da *fortuna* ou de outras forças. A mesma lógica vale para o jogo político: não há governo seguro sem uma base política própria. São os momentos de crise que revelam o papel crucial das forças próprias: em se tratando de Estado, ele será derrotado nas guerras e, em se tratando de governo, se não perder o poder será um governo fraco, dependente de forças auxiliares ou mercenárias, que condicionarão as decisões do governante, enfraquecendo a sua autonomia. Por isto, Maquiavel conclui que "sem possuir forças próprias nenhum principado (Estado) está seguro e, assim, não havendo *virtù* que com fé o defenda na adversidade, fica totalmente à mercê da *fortuna*".[52] Lembra ainda que sempre foi opinião e sentença dos homens sábios que "*Quod nihil sit tam infirmum aut instabile quam fama potentiae non sua vi nixa*". Ou seja: "nada é tão instável quanto a fama de poder de um príncipe quando não se encontra apoiada na própria força". Esta sentença, extraída dos *Anais* de Tácito (56 d.C-117), ilustra a principal condição para o êxito político ou militar, que foi observada pelos romanos por séculos e que é enfatizada por Maquiavel e esquecida pelos políticos modernos.

11.2 A prontidão para a guerra e para o combate político

Tanto na atividade militar quanto na ação política, a preparação e a prontidão são condições de êxito: "deve ainda um príncipe não ter outro objeto, pensamento, nem se prender a coisa alguma por sua arte que não seja a guerra e a sua organização e disciplina, porque essa é a arte que se espera de quem comanda".[53]

É razoável dizer que, desde os tempos antigos até a Segunda Guerra Mundial, o domínio da arte da guerra mantinha príncipes os que nasceram príncipes e tornava príncipes aqueles que não nasceram príncipes, mas dominavam essa arte, como é atestado no capítulo XIV de *O Príncipe*. Príncipes que eram mais afeitos ao luxo da vida e não dominavam essa arte perdiam os seus Estados. Francisco Sforza, cidadão de vida privada, por dominar essa arte e por ter forças próprias, se tornou duque de Milão.

Em termos políticos, o líder deve dominar a arte da política pessoalmente, cuidando da organização, disciplina e direção de seu

52 MACHIAVELLI, Niccolò. *Tutte le opere storiche, politiche e letterarie*. Roma: Grandi Tascabini Economici Newton, 1998, p. 32.

53 MACHIAVELLI, Niccolò. *Tutte le opere storiche, politiche e letterarie*. Roma: Grandi Tascabini Economici Newton, 1998, p. 32.

partido e de movimentos sociais. Jamais pode ausentar-se dessa tarefa, mesmo quando nomeia auxiliares para ajudá-lo. A liderança e o comando pessoal são indelegáveis. O líder que delega essas funções não é líder autêntico. Será um líder fraco e mais dia menos dia perderá o comando do processo político ou militar no qual está incurso.

Para o autor de *O Príncipe*, um líder jamais pode ficar numa condição de submissão ou de dependência de suas forças próprias ou de líderes subalternos. Esta seria uma infâmia da qual deve guardar-se. O líder seria visto como alguém fraco, cujo prestígio e reputação dependeriam de outros, de subordinados, e não de suas qualidades próprias. Com esta infâmia, o seu poder seria desafiado ou por algum subalterno de prestígio ou por algum inimigo. São os subordinados e suas forças que devem depender do líder e não o inverso. Em termos externos, o líder não pode negligenciar o problema da disponibilidade de força militar forte e bem treinada, pois não é razoável que alguém que esteja armado obedeça a aquele que esteja desarmado, ensina Maquiavel.

Nos tempos passados, o príncipe que não entendia da arte da guerra era desprezado pelos súditos, especialmente pelas milícias. Da mesma forma, o líder que não comanda suas forças políticas e sociais, sofre críticas, desdém, e sempre haverá aqueles que buscarão solapar-lhe o poder. Sua liderança se enfraquece, enfraquecendo a possibilidade e a potência de realizar seus projetos. O líder precisa garantir respeito e disciplina de seus comandados e isto se conquista com a capacidade prática no exercício do comando. Um líder que não é respeitado pelas suas próprias forças será desprezado pelas forças alheias.

Para Maquiavel, o governante deve manter sempre seus soldados disciplinados e constantemente treinados. Ele mesmo deveria exercitar-se de forma permanente com práticas ou com exercícios mentais, simulações de combate etc. Assim, conheceria os terrenos dos combates e, conhecendo-os, teria condições de escolher as melhores posições nos momentos de luta.

Um líder político precisa conhecer todas as forças que interagem politicamente numa situação dada – as forças aliadas, as neutras e as inimigas. Deve conhecer-lhe os interesses, as debilidades, as virtudes, as ambições, seus objetivos, as intenções e as condições e meios pelas quais operam. Assim terá condição de dirigir e conduzir suas forças, opondo-se com eficiência a outras. Se o líder não domina estas situações e condições em que se desenvolve a luta política poderá ser surpreendido por erosões em seu comando, por traições, abandono de posições e ataque de inimigos. Não saberá conduzir suas forças e traçar planos táticos e estratégicos que lhe garantam o poder e a consecução de seus objetivos.

O líder precisa simular as posições e movimentos, tanto dos aliados quanto dos inimigos. Deve interrogar-se a si mesmo e aos conselheiros, o que eles fariam se os inimigos fizessem determinadas manobras hipotéticas ou adotassem determinadas posições. Assim, evitaria surpresas, imprevistos e a erosão do seu poder.

Guerras e combates políticos são fatos dados da realidade humana. Então é melhor estar preparado para guerrear e combater politicamente. Antes de a guerra ser a continuidade da política por outros meios, a política foi e é a continuidade da guerra por outros meios. Historicamente, a guerra precede a política. A guerra, como ensinaram muitos filósofos antigos, é uma ocorrência natural na vida humana. A política foi criada, entre outras razões, para reduzir a guerra. Mas com a política a guerra também se torna guerra política, sem perder sua dimensão natural.

Se a guerra e o conflito político são inevitáveis, o líder prudente deve se preparar para ambos, sejam quais forem as formas que eles venham a assumir. A própria democracia é uma forma de conflito regrado. Por isso, o líder deve se preparar para vencer, dimensionando sempre a correlação de forças. Em determinadas situações não é possível vencer. Nestes casos, o líder deve organizar suas forças para não ser derrotado ou para, em caso de derrota, não ter suas forças destruídas, não sucumbir, não morrer.

11.3 As lições da história

Uma das formas de se preparar para a luta consiste em estudar a história e as ações dos grandes líderes, dos grandes heróis do passado. Diz Maquiavel:

> Quanto ao exercício da mente, deve o príncipe ler histórias e nelas considerar as ações dos homens excelentes, ver como se conduziram nas guerras, examinar as razões de suas vitórias e derrotas, para poder fugir destas e imitar aquelas.[54]

O que está proposto é que se adote a História como mestra, extraindo dela lições a serem seguidas e outras a serem evitadas, imitando vitórias e evitando derrotas. Para Maquiavel, este método é um ditame da prudência. O que ele está propondo é que não se leia a história apenas como fruição, aquisição de conhecimento. Mas que se faça uma leitura ativa dela, visando potencializar emoções, afetos e a razão para armar a atividade transformadora da realidade.

Mas já que os seres humanos estão sujeitos ao erro e à má avaliação das circunstâncias, nem sempre reagem da mesma forma diante de um mesmo fato. Em face de um ato de crueldade podem sentir repulsa, ódio, medo, indiferença... Podem adotar decisões diversas em face de mesmas emoções. Para evitar os erros e as derrotas é conveniente ver onde é possível estabelecer analogias e comparações das situações presentes com as circunstâncias e cenários do passado e, a partir dessas análises, perceber se é ou não é conveniente imitar as ações que foram vitoriosas e evitar as que trouxeram derrotas. Quem ler biografias de Alexandre, por exemplo, notará que em algumas circunstâncias ele imitou ações de Ciro.

Todo líder prudente adota o método do aprender pela história, evitando erros já cometidos, não correndo riscos desnecessários e

---

54 MACHIAVELLI, Niccolò. *Tutte le opere storiche, politiche e letterarie.* Roma: Grandi Tascabini Economici Newton, 1998, p. 33.

seguindo as pegadas que levam às vitórias. Essa estratégia, como já se indicou, também é uma estratégia para ganhar tempo: aprende-se com as experiências do passado e dos outros e não só com a experiência própria. Agir apenas pela experiência própria implicaria que a prudência só seria adquirida na velhice, num jogo de tentativa e erro, no qual os erros podem prevalecer sobre os acertos.

Nem na ação política e menos na ação militar é recomendável o jogo de tentativa e erro, no qual se testam várias alternativas disponíveis até chegar à solução final. Na política e na arte militar o primeiro erro pode custar o poder e a vida. Aquele que aprende com a experiência alheia pode se tornar prudente e competente desde a juventude. Assim, pode ser ousado ou cauteloso segundo as circunstâncias. O líder prudente deve aproveitar, principalmente, os momentos de paz e de calmaria para estudar e adquirir um cabedal de conhecimentos e informações para que possa aproveitá-lo nos momentos de adversidade, de crises e de conflitos e para que possa ousar na edificação da grandeza de seus empreendimentos e projetos.

Ao analisar a vida e as ações dos grandes heróis do passado, Maquiavel vê Alexandre imitando Aquiles, Júlio César (100 a.C. a 44 a.C.) imitando Alexandre e Cipião (236 a.C. a 183 a.C.) imitando Ciro. Os dois últimos, a exemplo dos demais, alcançaram grandes glórias. Mas Cipião não se limitou a imitar Ciro nas ações. O imitou também na conduta, "na castidade (abstinência), afabilidade, humanidade e liberalidade". Esses líderes, na sua juventude, de modo geral, eram educados por preceptores, os seus Centauros. Um dos exemplos mais evidentes foi o de Alexandre. Teve Aristóteles como preceptor e nunca deixou de se interessar pelo conhecimento no sentido alargado do termo. As sarissas das falanges macedônicas e os livros foram os responsáveis pela grandeza de suas conquista e pela glória dos seus feitos.

PARTE III

A POLÍTICA E A MORAL

CAPÍTULO XII

O SER E O PARECER SER

12.1 A condição predicativa do líder

No Capítulo XV de *O Príncipe*, Maquiavel inicia a tratar de forma explícita a relação entre a política e a moral. Muito já se escreveu sobre o assunto. Maquiavel já foi acusado por alguns de propor uma política imoral, por outros de propor uma política amoral e, por terceiros, de propor uma moralidade própria da política. Evidentemente, ele trata a política como política, como uma atividade específica, descurada da religião, da moral e do direito. Mas essa atividade não prescinde de relações com essas outras atividades. Assim, se a política pode ser exercida de forma imoral e sem ser orientada por fins éticos, ela pode, também, e deve ser exercida a partir de considerações morais e orientada para fins éticos. Ao tratar da conduta do governante e a do governo em relação aos governados, Maquiavel trata, precisamente, da relação da política com a moral e com a ética. Se há uma moral da política ela diz respeito a essa relação ou às escolhas das morais certas para as ações políticas certas nos momentos certos.

O ponto de partida para desvendar essas relações é a realidade concreta, um ponto de vista empírico, através de um processo indutivo, no qual se parte da experiência para a conceituação. Este é o pressuposto de Maquiavel quando ele recusa a adoção de modelos de repúblicas e reinos imaginários e se propõe a escrever algo que seja útil, andando dentro da "*verità effettuale de la cosa*". Isto é: é preciso considerar a verdadeira natureza da política tal como ela acontece do ponto de vista empírico para se chegar às regras que a regem enquanto uma ação humana.

A questão da moral política em Maquiavel é complexa, no sentido que ele não adota nenhuma moral absolutista e evita as abordagens tradicionais da relação entre moral e política. Ao evitar as polaridades morais, ou éticas para muitos autores, a rigor, o que ele faz é um balanceamento de duas éticas que, modernamente, assumiram a designação de deontologia e consequencialismo. Isto quer dizer que, ao agirem, por um lado, os atores políticos devem considerar o valor moral de suas ações e que, por outro, eles precisam assumir a responsabilidade pelas consequências previsíveis e imprevisíveis de suas ações. Os agentes políticos serão julgados por estas duas chaves: por um lado, pelas suas qualidades e virtudes que se explicitam em seu agir e, por outro, pelos resultados que produzem com suas ações. Fins bons (o bem para o povo) devem orientar as ações políticas e as escolhas dos meios adequados devem produzir resultados satisfatórios.

Usando os conceitos éticos weberianos, que de alguma forma têm sua origem em *O Príncipe*, é preciso buscar uma articulação entre a ética das convicções e a ética da responsabilidade ou, em termos aristotélicos, entre as virtudes morais e as virtudes intelectuais. Sem estas ajustadas mediações, uma ação moralmente orientada pode produzir um resultado catastrófico e um resultado satisfatório pode ser alcançado por atos criminosos como a desumanidade, a impiedade e a crueldade. Savonarola pode ser apontado como exemplo do primeiro caso e, Agátocles Siciliano pode pontificar como exemplo do segundo caso.

Para balizar sua visão acerca da relação entre moral e política, Maquiavel nota que vai uma grande diferença entre como os homens deveriam ser e como são. Este é o ponto de partida para orientar a necessidade da busca "da verdade efetiva das coisas". Agir pressupondo a bondade humana é o caminho mais curto para a ruína política. O agente político deve ter como suporte de sua ação a análise da realidade concreta do contexto político e social no qual atua. Mas deve considerar também os seres humanos tais como são. Se é verdade que há uma ambivalência na natureza humana, uma oscilação entre o bem e o mal, é verdade também que o bem, em regra, só é feito por obrigação e o mal é um modo normal da conduta. Por isso, em seu estado normal, os seres humanos são egoístas e ávidos pelo lucro de um lado, e são "ingratos, volúveis, simuladores, covardes", de outro, principalmente quando alguém precisa de sua ajuda.

A ambivalência humana se configura, de forma variada e por múltiplas combinações, em diversos modos de viver, em diferentes estruturas sociais. Para agir na perspectiva do exercício da liderança, é preciso compreender as especificidades dessas estruturas, sua história, sua cultura, seu caráter nacional e suas particularidades intrínsecas. Somente a partir de um acurado estudo indutivo, partindo da realidade, do concreto, para a formalização de um projeto, de um plano, um líder poderá ter êxito. Este plano deve expressar a "fantasia concreta" no dizer de Gramsci, pois ele deve ter uma dimensão factível, realizável, vinculada à realidade existente, e uma dimensão transcendente, onde se manifesta a capacidade criativa e inovativa do líder político ou do partido. A análise da realidade concreta deve presidir o plano e a ação.

Outro ponto crucial na análise de Maquiavel acerca da relação entre política e moral consiste em considerar que, nas relações humanas em geral e nas relações políticas em particular, o "parecer ser" prevalece sobre o "ser". É preciso perceber que o agente político, no caso, o líder e/ou o governante deve ser analisado sempre na sua condição predicativa e não na sua condição existencial.

Assim, Alexandre Magno foi um general, Ciro foi um fundador, Moisés foi um libertador etc. Isto quer dizer: o líder/governante se apresenta na sua aparência e não na sua essência/existência absoluta, sempre opaca e nunca inteiramente desvendável.

O líder/governante sempre é alguma coisa, aparece pelas suas qualidades e defeitos, pelos seus predicados, pelas suas valências, ambivalências ou polivalências. O "ser" essencial ou existencial de um ser humano só tem uma redutibilidade absoluta possível: a sua natureza humana (talvez por isso, ou também por isso, o humanismo deva ser considerado um valor absoluto). Excetuada essa redutibilidade, os seres humanos são aquilo que parecem ser. E aquilo que parecem ser é um jogo definido, em parte, por escolhas, e em parte, por determinações externas. Nunca se saberá se é uma expressão do verdadeiro caráter íntimo, da alma, daquela pessoa, ou se é um disfarce, uma simulação ou uma dissimulação.

Desta forma, o critério do ser é a aparência. As pessoas apreendem o ser de alguém pela forma como ele aparece. O problema é que as formas de apreensão são diferentes nos indivíduos. Alguém pode ver virtude onde outro vê crime e, vice-versa. A forma como as pessoas veem e julgam um líder não depende só dele, mas também do modo e dos critérios que o público usa para apreendê-lo e julgá-lo. Por isso, o líder, na sua apresentação, na sua expressão e na sua comunicação deve tentar orientar a forma e os critérios com que os outros o apreendem e julgam.

Na filosofia moderna não há uma distinção entre ser e aparência. A aparência é a forma como o real se manifesta e se apresenta aos modos de apreensão dos indivíduos. As aparências têm uma dimensão relativa vinculada às diferentes formas como os sujeitos às apreendem e, ao mesmo tempo, são o ponto de partida empírico para o conhecimento e para a ciência. Hegel (1770-1831) via na aparência a forma fenomênica, imediata, da apresentação da essência. Embora aparência e essência não sejam exatamente a mesma coisa, não há uma oposição entre elas, mas uma composição, onde uma contém e está na outra. O ser e aparência têm uma dimensão objetiva, pois estão postos diante de nós, mas têm também uma dimensão subjetiva, na medida em que esta objetividade é uma objetividade para sujeitos.

Se a aparência se oferece aos nossos sentidos, para que ela seja desvendada pelo conhecimento, pela reflexão e pela razão, são necessárias mediações dos sujeitos para que isto ocorra. É com esse senso das mediações que o líder precisa trabalhar sempre, envolvendo sua forma de apresentação, sua expressão e sua comunicação. O líder não pode ser construção puramente artificial, mas também não pode ser mera expressão de sua espontaneidade. O ato político, diferente do ato social, não pode ser um *sponte acta*. Até por isso, uma das principais qualidades que o líder deve ter, consiste no autodomínio de suas paixões, dos seus desejos e de sua sensibilidade.

Na medida em que a relação entre o ser e a aparência não é apenas uma relação objetiva, mas tem também uma dimensão subjetiva, surge aqui um evidente problema: tanto a forma de apresentação do "parecer ser" que se apresenta pelas palavras e ações, quanto as formas de sua apreensão, se prestam ao erro, à manipulação, ao ludibrio e ao engano. Assim, tanto na apresentação quanto na apreensão daquele que se apresenta está a verdade e o engano. O mesmo ocorre em relação ao juízo é às manifestações desse juízo. Quando alguém diz quem o outro é, esse juízo pode ser falso por duas razões: 1) porque a apreensão pode conter erro; 2) porque a expressão da apreensão pode ser deliberadamente falsificada.

Assim, o governante, para manter o poder e governar bem, deve saber fazer o jogo das aparências. Isto é: dada a opacidade dos seres humanos em geral, a ausência de uma translucidez e a propensão ao egoísmo, ao erro, às possibilidades de engano, mentira e manipulação, o líder precisa jogar com o seu próprio aparecer perante os outros levando em conta as circunstâncias e os objetivos a serem alcançados. Para isso, como se disse, ele precisa ter domínio sobre o seu caráter e suas paixões e expressar-se como um ator que interpreta e representa o seu "parecer ser".

Na medida em que o líder comanda, a sua atitude deve ser, de modo geral, ativa, criadora, buscando dominar o mundo que o cerca, dirigir as pessoas e indicar caminhos. Ao dominar suas inclinações naturais e subjetivas ele deve construir racionalmente sua manifestação objetiva, a forma com que sua personalidade aparece social e politicamente perante os outros, levando em conta, além das circunstâncias, o modo de proceder dos outros atores políticos (aliados e inimigos), quando for o caso, ou dos governados, quando for o caso. Deve saber como usar sua emocionalidade e sua racionalidade e como orientar a emocionalidade e a racionalidade daqueles com quem interage. Se a regra geral é agir, sempre que possível, de acordo com aquilo que é tido como bom pelo senso comum, excepcionalmente, deve saber agir também de acordo com aquilo que é tido como mau para evitar a sua ruína, a ruína do poder.

Para Maquiavel, os homens em geral e os governantes em particular são vistos e avaliados por aquelas qualidades que lhes rendem louvor ou reprovação. Ou seja, aquelas qualidades consideradas boas ou más. Diz

> Assim, alguns são tidos como liberais, outros como *miseri* (usei aí a palavra toscana *míseri*, (...); alguns são vistos como pródigos, outros como rapaces; cruéis ou piedosos; alguns como perjuros, outros leais; um efeminado e pusilânime, outro feroz e audacioso; um humano, outro soberbo; um lascivo, outro casto; um íntegro, outro astuto; um ríspido, outro afável; um grave, outro superficial; um religioso, outro incrédulo; e assim por diante.[55]

---

55 MACHIAVELLI, Niccolò. *Tutte le opere storiche, politiche e letterarie*. Roma: Grandi Tascabini Economici Newton, 1998, p. 34.

Estão alinhadas, desta forma, com a ressalva de um elemento de preconceito, aquelas qualidades que são consideradas boas e aquelas que são consideradas más pela moralidade do senso comum ou pela moralidade religiosa. Na avaliação do senso comum, diz Maquiavel, bastaria que o governante usasse aquelas qualidades consideradas boas e que isso seria muito elogiável. Mas há um problema, observa: a condição humana não permite que uma pessoa tenha todas as qualidades consideradas boas e nem mesmo que, tendo-as, as pratique.

12.2 As escolhas morais na política

O príncipe, o líder, precisa fazer escolhas morais para orientar suas ações. Essas escolhas não podem fundar-se em regras morais pré-definidas pela religião ou pelo senso comum. Elas devem fundar-se nos fins próprios da ação política e na necessidade de adequação dos meios para alcançá-los. Para quem governa, o fim geral, de acordo com Maquiavel, consiste na manutenção do poder para governar bem o povo. Líderes e governantes diversos podem escolher fins diversos e, portanto, conduzir suas ações por comandos morais diferentes. A escolha de Maquiavel é clara e explícita em todo *O Príncipe*. Uma leitura correta da obra não permite dissociar o poder de sua finalidade: governar bem o povo, produzindo o bem geral. Desta forma, o que determina a conduta moral do agente são os fins éticos da ação política e a escolha adequada dos meios para alcançá-los.

Definida a finalidade ética, o governante prudente deve fugir da infâmia daqueles vícios que o fazem perder o Estado. Mas, se as condições o exigirem e, não sendo possível evitar aqueles vícios para salvar o Estado, poderá incorrer na infâmia dos vícios, por necessidade, para manter o comando, recomenda Maquiavel. Esta segunda opção não é a regra geral. A regra geral consiste em fugir da infâmia dos vícios que o fazem perder o Estado. A exceção é incorrer na infâmia, praticando qualidades consideradas vícios por necessidade de manter o Estado, sendo a manutenção do Estado condição necessária para realizar os fins éticos do bom governo. O autor justifica a exceção com as seguintes palavras: "porque, se considerarmos bem tudo, há coisas que perecem virtudes, e seguindo-as provocam a tua ruína; e há outras coisas que parecem vícios e, seguindo-as fazem nascer a segurança e o bem-estar seu".[56]

Quando se trata da manutenção do poder do Estado, as ações orientadas pela moralidade comum podem provocar a sua perda. Assim, ao permanecer preso a este receituário, o governante não será nem prudente e nem virtuoso, pois não garantiu o poder necessário para realizar os fins éticos de seu programa. Evidentemente que aqui surge o problema da relação entre fins e meios. O que deve existir é uma relação adequada entre esse par, pois determinadas condutas e determinados meios, embora possam resultar na manutenção do poder, podem suscitar a negação dos fins éticos. Assim, por exemplo, em determinadas circunstâncias é justificável matar, em outras, matar não passa de cometimento de crimes. Matar ou cometer outras ações consideradas infames só se justifica se as circunstâncias o determinarem e não se a vontade o determinar por um simples desejo de poder. Não se pode matar adversários que disputam o poder de forma legítima a partir de regras estabelecidas. Mas se podem matar os inimigos que atacam com violência o poder legitimamente estabelecido.

---

56 MACHIAVELLI, Niccolò. *Tutte le opere storiche, politiche e letterarie.* Roma: Grandi Tascabini Economici Newton, 1998, p. 34.

CAPÍTULO XIII

A AUSTERIDADE COMO PRUDÊNCIA

13.1 Um princípio do bom governo

Maquiavel mostra, no capítulo XVI de *O Príncipe*, que as virtudes – principalmente as virtudes da moralidade do senso comum – são ambivalentes quando aplicadas à atividade política: na sua abstração são boas, mas, na prática, podem produzir o mal, segundo como forem operadas nas circunstâncias. Assim, a liberalidade, por exemplo, tem esta característica. Em tese, ter fama de liberal (no sentido da generosidade fiscal, do gasto do dinheiro público) seria bom. Mas, na prática, as coisas são mais complexas. Praticada pelo simples objetivo de ganhar notoriedade será altamente prejudicial, pois este ardil, num momento ou noutro, seria descoberto e criticado. Agora, praticada prudentemente e como se deve, não será notada como um ardil para adquirir notoriedade e, assim, ela poderá trazer reputação positiva, não provocando infâmia.

Aquele governante que quiser adquirir fama e notoriedade à custa da liberalidade terminará por ter uma vida suntuosa, gastando recursos do tesouro público. Exaurirá os recursos públicos de forma inconsequente e irresponsável. Dedicará mais tempo e faculdades à vida suntuosa, de luxo, e terminará produzindo duas situações desagradáveis que o colocarão em situação de necessidade e, portanto, de dependência e de perda de autonomia: arruinará o tesouro público e/ou ficará pessoalmente pobre e necessitado. Colocará a si e ao Estado na referida situação de dependência, que lhe retira poder e reduz suas capacidades de governar e realizar grandes empreendimentos e um bom governo. Sua autonomia decisória e operacional ficará limitada.

Para remediar a situação fiscal do Estado o liberal imprudente aumentará impostos, fator que gera descontentamento e desaprovação dos governados. Em caso de dívidas pessoais, ou se corromperá ou buscará empréstimos que o colocarão numa situação de dependência em relação a terceiros, algo sempre arriscado. Ademais, a liberalidade praticada em função de uma vida suntuosa ou de gastos públicos exagerados para adquirir notoriedade, produzirá benefícios a poucos e prejuízos a muitos. Ao penalizar os governados no intento de melhorar a situação do Estado, e a sua própria, o governante adquirirá a fama de *misero* (avarento), confiscador.

Com isto Maquiavel quer mostrar que uma virtude abstratamente boa, quando mal usada, torna-se o seu contrário. Assim, se o governante for prudente, precisa percorrer o caminho inverso: "deve tratar de ser tido como *mísero*", austero. A fama de austero não o prejudicará porque não provoca infâmia. Com o tempo, agindo com prudência e parcimônia, passará a ser visto como liberal, primeiro, porque não onera o povo e, segundo, porque pode beneficiá-lo, pois terá as condições materiais de um Estado financeiramente equilibrado para fazer o bem ao povo. Usará a liberalidade "com aqueles de quem nada tira, que são muitos" e será mísero "com aqueles a quem nada dá, que são poucos".[57]

---

57 MACHIAVELLI, Niccolò. *Tutte le opere storiche, politiche e letterarie*. Roma: Grandi Tascabini Economici Newton, 1998, p. 35.

Maquiavel nota que, no seu tempo, somente os governantes austeros fizeram coisas significativas. Os outros se arruinaram. Aqueles que gastavam demais terminavam por espoliar os cidadãos, praticando a rapinagem. Um governante sóbrio deve ser parco no gastar o que é seu ou do tesouro público. Se o Estado tem um sistema fiscal justo, cobrando mais tributos de quem ganha mais e aliviando quem ganha menos, o governante deve gastar de forma condizente com a arrecadação, instituindo programas que orientem o gasto público para aqueles menos afortunados, praticando a liberalidade de forma correta.

Mas para um governante que queira se manter líder não basta, simplesmente, que institua programas de gastos sociais. Ele deve conduzir e liderar o povo, estando junto com ele. Quem não lidera, torna-se um ausente e poderá perder o comando mesmo que promova boas políticas públicas. Para o líder, a ação administrativa não deve ser separada da ação política. Governar bem não é simplesmente administrar bem. É preciso administrar bem e comandar bem, imprimindo direção e sentido à ação governamental.

Os grandes líderes conquistadores, como Ciro, Alexandre e César, eram liberais com seus comandados, gastando com as presas de guerra. Eles não comandavam seus exércitos a partir dos palácios e sim se colocando à frente deles, nos campos de batalha. Este modo de proceder garantia-lhes a liderança. Assim deve ser na política: o governante, como já se disse, não pode ser um general de gabinete, mas um general de campo, liderando e conduzindo o povo, fundindo ação administrativa com ação política, sendo que a última deve comandar a primeira.

Enfim, para ser liberal de forma prudente, Maquiavel recomenda a adoção do princípio distributivo: tributar mais aqueles que têm muito, que são poucos, para dar àqueles que têm pouco, que são muitos. O Estado deve ser organizado de tal forma para que este equilíbrio seja produzido. Evidentemente, não se trata de arruinar os ricos, mas de proporcionar uma maior e mais justa distribuição das rendas e riquezas. Maquiavel conclui o tema da liberalidade da seguinte forma: "portando, é mais sábio ser considerado *mísero*, que é uma infâmia que não produz ódio, do que querer a fama de liberal incorrendo, para tanto, na fama de rapace, que é uma infâmia que produz ódio".[58]

Ademais, a prática da austeridade produz confiança no governo, pois os cidadãos identificarão no governante a responsabilidade para com a coisa pública. Aparecer como austero gera confiança nos governados. E o governante terá condições de praticar a liberalidade com a segurança de não provocar danos ao Estado, evitando as crises e a sua ruína. Nas crises, o principal prejudicado sempre é o povo mais pobre, pois é sobre ele que se lança, na maior parte das vezes, o fardo de recuperar as finanças públicas.

---

58 MACHIAVELLI, Niccolò. *Tutte le opere storiche, politiche e letterarie.* Roma: Grandi Tascabini Economici Newton, 1998, p. 35.

CAPÍTULO XIV

A AMBIVALÊNCIA DAS VIRTUDES

14.1 A crueldade piedosa e a piedade cruel

Seguindo na análise das qualidades e virtudes que o governante deve ter, Maquiavel sustenta, no capítulo XVII de *O Príncipe*, que ele deve ser tido como piedoso e não como cruel, desde que empregue convenientemente a piedade. Mais uma vez, Maquiavel estabelece como critério geral a premissa de que o líder deve proceder de acordo com as virtudes morais do senso comum. Mas essa regra geral, em se tratando da ação política, nem sempre funciona.

Para mostrar a ambivalência das virtudes e exceções à regra, Maquiavel recorre a César Bórgia:

> César Bórgia era tido como cruel. Embora, aquela sua crueldade tenha reerguido a Romanha, unindo-a, reconduzindo-a na paz e na fé. O que, se for bem considerado, se verá que

> aquilo foi muito mais piedoso que o povo florentino, o qual, para fugir da fama de cruel, deixou destruir Pistoia.[59]

Os florentinos haviam fomentado a discórdia entre duas facções de Pistoia resultando uma série de motins entre 1501 e 1502, o que serviu de pretexto para que Florença ocupasse a cidade por meio da violência.

O que fica evidenciado é que, em determinadas circunstâncias, é preciso recorrer à força e à violência para garantir a segurança, a paz e a unidade de um povo. As ações violentas sempre se revestem de graus variados de crueldade. O recurso à violência não é um método válido a ser escolhido a qualquer tempo para conquistar e manter o poder. Ele se legitima quando é imposto pelas circunstâncias e pela necessidade, quando a sua não utilização provoca danos maiores e mais sofrimentos ao povo do que o seu uso. Ou quando, ainda, o inimigo age com violência agressora sendo necessário confrontá-la para evitar que o mal triunfe.

Maquiavel resolve o paradoxo da piedade e da crueldade da seguinte forma: seja piedoso sempre que possível e seja cruel quando necessário. O que vale dizer: não seja cruel (não use a violência) de forma banal e desnecessária, pois isto é um mal, é um crime. E não seja piedoso quando este proceder proporciona a vigência do mal, a vigência de uma crueldade criminosa, de uma espoliação dos mais fracos e de sua submissão pela violência dos poderosos, como aquela que ocorria na Romanha antes da conquista por Bórgia, onde o povo não era bem governado, era espoliado pelos governantes e vicejava toda ordem de crimes, roubos e assassinatos.

Manter aquela ordem criminosa e dissoluta da Romanha seria ser cruel. Usar a violência para cessar a violência representava um ato de piedade em face do sofrimento do povo. Assim,

---

59 MACHIAVELLI, Niccolò. *Tutte le opere storiche, politiche e letterarie*. Roma: Grandi Tascabini Economici Newton, 1998, p. 36.

um governante não deve fugir da fama de cruel se ela for adquirida por atos que beneficiem os governados, que atenuem um mal maior, que garantam a sua segurança, sua unidade, sua paz e seu bem-estar e a cessação da violência brutal, exercida apenas para manter o poder predatório de poucos. "Porque", diz Maquiavel, "com pouquíssimos exemplos será mais piedoso do que outros que, por muita piedade, deixam surgir as desordens, das quais nascem as matanças ou a rapinagem".[60] Normalmente, aqueles que cometem a espoliação criminosa e a violência assassina são poucos e aqueles que as sofrem são muitos. Conter essa violência assassina com uma violência necessária é um ato de piedade. Os governantes e pessoas criminosas devem ser contidos ou eliminados por uma ferocidade justa para o bem de muitos.

Os novos príncipes, os conquistadores e fundadores de novos Estados são aqueles que mais precisam incorrer na prática de crueldades necessárias, pois, nesses momentos os perigos são múltiplos: inimigos dispostos a reconquistar o poder, desordens contra o novo estado de coisas, rebeliões patrocinadas pelos antigos donos do poder, insatisfação em face das dificuldades de estabilização da nova ordem.

Maquiavel recomenda que o líder deve ser cauteloso no crer e no movimentar-se. Deve confiar em si mesmo e não ter medo. Deve buscar um equilíbrio e temperar-se com prudência e humanidade. Se confiar demais, será incauto e poderão enganá-lo a todo o momento, pois, precisa considerar que, em regra, os homens são maus, particularmente na atividade política. Mas também não deve desconfiar excessivamente, evitando tornar-se intolerável no trato com os outros. Poderia angariar antipatias, reprovações, rejeições e até mesmo conspirações.

---

60 MACHIAVELLI, Niccolò. *Tutte le opere storiche, politiche e letterarie*. Roma: Grandi Tascabini Economici Newton, 1998, p. 36.

14.2 A fragilidade do amor e a força do temor

Da necessidade de estabelecer um equilíbrio entre o confiar/desconfiar, Maquiavel formula a seguinte questão: "é melhor ser amado que temido ou vice-versa"? O melhor seria ser amado e temido ao mesmo tempo, responde. Mas a disposição das coisas humanas dificilmente permite esta combinação. E, em caso de ter que escolher entre uma e outra condição, ele não tem dúvida: é preferível escolher ser temido, pois é mais seguro. Ademais, existe um problema relacionado à natureza humana que recomenda essa escolha: os homens, em regra geral, são "ingratos, volúveis, simuladores e dissimuladores, covardes ante os perigos, egoístas do ganho". Enquanto se lhe atende as demandas, oferecem os bens, o sangue, a vida, os filhos desde que o governante não necessite nada disso. Mas caso ele necessite de ajuda, esses "amigos" que surgem por interesse ou porque são favorecidos pelas ações do governante, são os primeiros a abandoná-lo. Desta forma, o governante, verdadeiramente, deve confiar apenas naquelas amizades que nascem da grandeza e da nobreza da alma, recomenda o florentino. Em sendo prudente, deve adotar precauções para se garantir no momento em que os aliados interesseiros o abandonam.

Qual a razão dessa conduta dos seres humanos? A questão reside na natureza do amor e do temor. De modo geral, os humanos respeitam mais aqueles que se fazem temer do que aqueles que se fazem amar. Ocorre que amor expressa um vínculo frágil, que é mantido por interesse e quando é útil a alguém, indica Maquiavel. Quando o interesse, a utilidade ou o sentimento deixam de existir, ele abandona a relação de amor. Já o temor é infundido pelo medo do castigo, que é um sentimento que nunca se abana, arremata.

É preciso notar que na relação de amor, a autonomia e o controle estão com quem ama e não com quem é amado. Aquele que ama pode, unilateralmente, deixar de amar. Numa situação inesperada ou de dificuldade, aquele que é amado pode perder o amor e ficar só ou em dificuldade. Aquele que é amado, pouco ou nada pode fazer se o outro deixa de amá-lo. Claro está, o pressuposto aqui é o de que aquele que é amado ama também numa relação de dependência.

A questão toda desse paradoxo entre amor e temor consiste em saber quem detém o controle da relação. No caso do temor, o controle e a autonomia estão nas mãos de quem o exerce e não nas mãos daquele que teme. Aquele que teme é paciente em relação a aquele que exerce o temor. O líder precisa ter a autonomia nas relações e nas escolhas. Então, ele precisa, dadas as circunstâncias, escolher o polo da relação que lhe garanta essa autonomia. Em sendo ele o polo poderoso, cabe a ele induzir as escolhas do polo fraco e subordinado. Ter a capacidade de induzir as escolhas do outro significa exercer o poder.

Em sendo temido, Maquiavel julga que é relativamente fácil evitar ser odiado. Basta não cometer arbitrariedades contra a vida e os bens dos governados, evitando a concupiscência. Não deve praticar a violência sem causa manifesta e evidente de sua necessidade. Agora, se for o caso de ter que escolher entre tirar os bens ou tirar a vida de alguém, num caso extremo, é preferível que escolha tirar a vida, pois "um homem esquece mais facilmente a morte do próprio pai do que a perda do patrimônio".

O derramamento de sangue é uma ocorrência rara e que tem término rápido, a não ser que o governante seja um assassino contumaz. É mais fácil parar de matar do que parar de pilhar os bens alheios ou públicos, sustenta Maquiavel. A corrupção e a pilhagem constituem um vício difícil de ser extirpado e a existência de corruptos contumazes e seriais é prova disso. Sempre haverá oportunidade para tomar os bens alheios (ou do tesouro público) e "aquele que começa a viver da rapina sempre encontra pretextos para praticá-la", diz o autor.

No comando de seus exércitos e em guerra, o líder deve alimentar a fama de cruel, recomenda Maquiavel, pois essa reputação mantém o exército unido e disposto a seguir o líder e a executar as tarefas difíceis e a lutar com destemor. Essa reputação evita também as dissensões internas e os motins, comuns nas guerras. Aníbal é o exemplo destacado para ilustrar o tipo de comando feroz e cruel. A "desumana crueldade" do líder cartaginês é arrolada entre outras "infinitas virtudes" que ele possuía. Maquiavel discorda dos historiadores que viam nesta atitude um defeito. Comandando forças provenientes de vários povos, talvez essas não o seguissem disciplinadamente se ele não fosse tão feroz.

Já Cipião o Africano era brando com seus soldados indisciplinados e também com povos derrotados que se mostravam insolentes. Foi admoestado pelo Senado romano e acusado de corromper as milícias. Buscou corrigir seus erros e submeter-se ao Senado, fato que lhe proporcionou a grande glória de ter derrotado Cartago. Mesmo assim, Cipião e Ciro podem ser classificados como dois generais que eram ferozes na luta e magnânimos na vitória.

Sobre o líder (príncipe) ser amado ou temido, Maquiavel conclui que ele deve "amar os homens como eles querem, mas deve se fazer temer como ele quer". Assim, o governante terá o comando da relação: ele ama e se faz temer. Isto lhes garante a autonomia, pois cidadãos serão satisfeitos por se sentirem amados e terão o respeito por temerem o governante.

CAPÍTULO XV

OS LEÕES E AS RAPOSAS E A AUTONOMIA DA POLÍTICA

15.1 O paradoxo da lealdade

É muito louvável um líder honrar a palavra e os compromissos, viver com integridade e sem malícia. Mas, no tempo de Maquiavel, príncipes que não honravam suas promessas, agindo com astúcia e ludibrio, obtinham êxitos maiores do que aqueles que eram leais.

Para explicar o paradoxo da lealdade Maquiavel usa outro paradoxo, afirmando que há dois modos de combater: a lei e a força, sendo a lei própria dos homens e a força própria dos animais. Sendo a natureza humana como é, muitas vezes não basta combater com a lei. Torna-se necessário recorrer à força. O governante sábio e prudente deverá saber usar um e outro ou os dois termos do paradoxo, segundo as circunstâncias.

O líder prudente terá que ser meio animal e meio homem, como foi Aquiles, educado por Quíron, seu preceptor. A própria natureza dos animais é diversa: uns agem com astúcia e outros usam a força. É o caso da raposa e do leão. A raposa, por ser astuciosa, sabe fugir das armadilhas, mas por não ter força não consegue espantar os lobos. Já o leão, dispõe de força, mas carece de astúcia e, assim, espanta os lobos, mas não sabe fugir das armadilhas. Usar apenas a força, ser apenas leão, não leva ao sucesso. A política é um jogo de força e astúcia. O poder é sempre uma presa à mercê dos lobos. Se o governante não for leão, será engolido por eles. Mas, na arte da política, a astúcia, a depender das circunstâncias, é mais eficaz do que a força. É preciso evitar as armadilhas sabendo simular e dissimular, pois os homens, especialmente os políticos, são simuladores e dissimuladores, mostrando o que não são e escondendo o que são.

O governante não deve manter os compromissos, os acordos, a palavra empenhada, diante de duas situações: quando o compromisso assumido se torna prejudicial a ele e quando os motivos que levaram a sacramentar compromissos e acordos deixam de existir. Muitos príncipes romperam acordos e tratados de paz. E se saíram melhor os mais astuciosos, os que empregaram as qualidades da raposa, diz Maquiavel.

O líder deve entender como se comportam os homens a partir de sua natureza. Em regra, são ingênuos e se deixam dominar por suas necessidades imediatas. Assim, aquele que queira enganar sempre encontrará alguém propenso a ser enganado. Sabendo dessa conduta, o governante deve saber tirar vantagens legítimas para o seu Estado e para seu governo.

Para Maquiavel, um dos homens que mais se beneficiaram por conhecer a natureza humana e seu lado ingênuo foi o papa Alexandre VI. Fez juramentos solenes, mentiu de forma contumaz para que os outros acreditassem e fez acordos que quase nunca cumpriu. Isto, contudo, não faz desse papa um modelo de governante, um homem de *virtù* a ser tomado como exemplo.

O problema da relação entre o líder e as virtudes não é simples. Não há uma fórmula a ser aplicada. Por um lado, ele deve parecer ser todo piedade, fidelidade, integridade, humanidade e religiosidade. Porém, Maquiavel acrescenta:

> A um príncipe, contudo, não é necessário possuir todas aquelas qualidades acima descritas, mas é bem necessário que pareça tê-las. Ouso dizer isto: tendo-as e observando-as sempre, são danosas e, parecendo tê-las, são úteis. Como parecer piedoso, fiel, humano, íntegro, religioso e sê-lo, mas estar o ânimo predisposto que, em caso de necessidade, tu possas e saibas se tornar o contrário.[61]

Aqui, novamente, há a regra geral relacionada ao modo normal de ação política no cotidiano. E há a exceção à regra para ser usada em momentos excepcionais ou quando as circunstâncias o exigirem. A regra geral diz que o governante deve agir, efetivamente, considerando aquelas virtudes morais do senso comum. Deve ser piedoso, fiel, humano, íntegro e religioso. Mas, em determinadas circunstâncias, deve ser o contrário dessas virtudes para não perder o poder e para não prejudicar os governados. Não se pode ser sempre fiel e sincero com aliados infiéis, adversários ou inimigos e perjuros. Nesse caso é preciso agir com a astúcia da raposa para não ser ingênuo e enganado. Não se pode ser pacífico com os violentos. Não se pode ser piedoso com criminosos.

Acrescenta Maquiavel:

> É preciso entender isto que um príncipe e, especialmente um príncipe novo, não pode observar todas aquelas coisas pelas quais os homens são chamados de bons, sendo frequentemente necessário, para manter o Estado, operar contra fé, contra a caridade, contra a humanidade, contra a religião. É preciso que ele possua um ânimo capaz de voltar-se segundo os ventos da *fortuna* e as variações das coisas. E,

---

61 MACHIAVELLI, Niccolò. *Tutte le opere storiche, politiche e letterarie.* Roma: Grandi Tascabini Economici Newton, 1998, p. 38.

> como acima se disse, não se furtar do bem, podendo, mas saber entrar no mal, se necessário.[62]

Desta forma, a conduta do líder na ação política não pode ser entendida como um receituário fixo e imutável. As circunstâncias, as coisas do mundo e os ventos da sorte mudam constantemente. Agir de forma rígida e fixa, segundo um mesmo modo e método, quando essas mudanças se fazem presentes, representa agir de forma equivocada e cavar o próprio fracasso. O uso de métodos ferozes sempre é excepcional. A normalidade é a conduta segundo os ditames dos valores morais do senso comum. "Entrar no mal" somente quando necessário. Passada a necessidade, o líder deve "sair" do mal, caso contrário andará pelos caminhos pedregosos do crime, a exemplo de Ramiro de Orco, e usará a violência como método de conquista e manutenção do poder.

O líder precisa ser flexível segundo as mudanças, e rígido quando é preciso ser rígido. O que o guia e o faz escolher seu modo de proceder nesses momentos é a sua prudência, a sua sabedoria prática, o seu saber fazer. Claro, o estudo da história, o conhecimento das ações dos grandes líderes, são elementos que integram a sua prudência aguçada.

A moralidade da política é ambivalente ou dupla porque a realidade se desdobra em várias figuras, sendo que, em muitos casos, uma figura se contrapõe a outra. Existe a moralidade da normalidade e a moralidade da excepcionalidade, segundo momentos conjunturais distintos. Em um e outro caso a moralidade deve ser sempre orientada segundo os fins. Não se trata da tese de que os fins justificam os meios, mas de que os fins determinam os meios. Tome-se o caso da violência: se os fins do governante consistem e promover o bem comum, a justiça social, a equidade, a civilização

---

62 MACHIAVELLI, Niccolò. *Tutte le opere storiche, politiche e letterarie.* Roma: Grandi Tascabini Economici Newton, 1998, p. 38.

e humanidade, ele não pode praticar a violência desnecessária e injustificável e nem pode adotá-la como método para alcançar estes fins. Ele deve utilizá-la somente em caso de necessidade manifesta. Agora, se o governante quer manter o poder para realizar o seu egoísmo pessoal, para enriquecer a si e aos seus aliados e, se para isso, precisa oprimir o povo e os trabalhadores, suprimir a sua liberdade, ele usará a violência segundo esses propósitos criminosos. Agir com a moralidade da excepcionalidade em tempos de normalidade pode redundar na produção de excessos danosos, quando não criminosos. E agir com a moralidade da normalidade em tempos de excepcionalidade representa um grande risco de perder o poder, de permitir que os governados e liderados sejam prejudicados e de praticar uma piedade cruel.

15.2 Os fins, os meios e a autossuficiência da política

Das qualidades supracitadas, aquela que Maquiavel mais destaca é a religião. Isto porque, universalmente, os homens usam, para julgar, mais os olhos do que as mãos, "porque veem muito e sentem pouco" e todo mundo vê o que tu pareces e "poucos sentem aquilo que tu és".

A visão é o sentido mais imediato e mais universal dos seres humanos. É ele que constitui a apreensão mais comum. Maquiavel quer dizer que o mundo, dominado pelo vulgo, pelo senso comum, percebe as aparências mais pela visão do que qualquer outro sentido. E os sentidos são formas de apreensão mais usados do que a razão. É assim que se forma uma opinião pública majoritária e, no seu modo de julgar, ela julga mais pelo resultado. Os resultados precisam aparecer no campo de visão de quem julga – os governados. Aqueles que conseguem ver para além dos acontecimentos, normalmente não ousam se opor à opinião geral.

O resultado é o critério mais universal pelo qual os seres humanos julgam as ações de todos e, especialmente, as ações dos governantes. Desde que os resultados sejam satisfatórios, o senso comum julgará honrados as ações e os meios que o governante utilizar para alcançá-los.

Maquiavel não está dizendo aqui, enfatize-se, que os fins justificam os meios, mas que os determinam, pois, somente determinados meios podem produzir determinados fins (resultados). Ele não está dizendo que o governante deve usar qualquer meio para manter o poder, mas que deve usar os meios necessários para vencer e se manter no poder. Há uma diferença entre os "quaisquer meios" e os "meios necessários". Estes precisam ser condizentes com a eficácia e a *virtù*. A *virtù* não comporta o crime, a traição dos amigos, a desumanidade etc. A *virtù* comporta ações orientadas para aquilo que é próprio da política: realizar coisas úteis para os seres humanos e, na preferência de Maquiavel, realizar grandes coisas, construir a grandeza e alcançar a glória. Dentre essas coisas úteis estão o bem-estar, a liberdade e a justiça da vida comunitária. Embora Maquiavel não considere muito a felicidade, são esses resultados práticos que podem proporcioná-la.

Para alcançar essas coisas úteis e realizar coisas grandes para a comunidade por meio da ação política e da política de Estado, o líder não pode estar preso às amarras morais da religião e do senso comum. Sempre que pode produzir coisas úteis e realizar grandes feitos sem confrontar a religião e a moralidade do senso comum, deve fazê-lo. Mas muitas vezes é preciso contrariá-los, pois o bem coletivo é maior do que determinados preceitos morais. Quando as duas disposições morais entram em choque é preciso escolher.

O político deve escolher os fins políticos e os modos de proceder políticos para realizá-los. Em política mais valem os bons resultados do que bons princípios sem resultados. Sempre se deve procurar conciliar bons princípios com bons resultados. Mas quando os bons princípios impedem os bons resultados é preciso escolher modos de agir que os produzam e que, eventualmente, se chocam com os bons princípios religiosos e da moralidade do senso comum.

Maquiavel, inequivocamente, é crítico de determinadas condutas e de determinadas postulações do cristianismo, assim como elogia condutas das antigas religiões pagãs que estimulavam a coragem, o vigor, a valentia, a disciplina, a ferocidade etc. Ele tinha plena consciência dessas diferentes perspectivas morais. Mas, ao contrário do que sugere Isaiah Berlin em *A Originalidade de Maquiavel*, o escritor florentino não propõe a escolha da moral pagã em detrimento da moral cristã. O político prudente deve se valer de uma e de outra perspectiva segundo as necessidades da ação política determinadas pelos fins políticos, pela ética política.

Ocorre que, para Maquiavel, além da política ser autônoma em relação às outras atividades humanas, ela é a causa última em sua relação com todas as outras atividades no sentido de as tentativas dos seres humanos ordenarem as coisas do mundo. Neste sentido, a política está acima da economia, das relações sociais, da cultura, das religiões etc. A política deve interagir e se servir das várias atividades humanas segundo as suas necessidades e segundo as determinações das circunstâncias.

Ao buscar realizar seus fins próprios (sua ética própria), ora a atividade política se compõe e ora se opõe aos preceitos morais do cristianismo ou de outras religiões e atividades humanas. É nesse sentido que a política é autossuficiente, mas sempre em relações de interdependência com outras atividades. Aliás, todas as atividades humanas específicas têm graus relativos de autonomia e é por isso que se viabilizam as diferentes concepções de mundo e também a divisão do trabalho cognitivo que se traduz nas diferentes ciências.

O que distingue a política em sua autonomia é que o seu objeto de ação é o poder e o que distingue a ciência política é que o seu objeto de conhecimento é esta ação orientada para dirigir o Estado ou influenciar a sua direção. A ética da política concerne às finalidades do poder, a aquilo que ele pode proporcionar de útil e de bom para a existência humana.

Sendo o Estado a origem e a determinação última de organização da sociedade e de todas as atividades, o seu alfa e ômega, ele tem o direito de recorrer a todas as outras atividades – ciências, direito, moral, religião, cultura etc. – para realizar os seus fins. E a ação específica, singular, pela qual o Estado recorre às outras atividades é a ação política. Esta é a visão de fundo de Maquiavel acerca da autonomia, da autossuficiência e da causa primeira da política em relação às outras atividades. Desta forma, a religião, a moral, assim como o Direito, são recursos disponíveis ao líder político e ao Estado.

A política não se subordina à religião, à moral e ao direito, mas interage com essas atividades, ora se alinhando a elas e ora se contrapondo quando estão em jogo os fins e os objetivos do Estado ou da ação política. Os objetivos éticos supremos do Estado consistem em garantir o bom ordenamento social, a liberdade, a paz, a justiça e a equidade. Desta forma, a moral da política consiste no saber agir, na prudência das decisões, escolhas e ações, para realizar os fins da ação política. Neste sentido, não há um afastamento *a priori* da moral do senso comum, da moral religiosa, do direito ou de qualquer outra atividade. O que há é a autonomia da política na determinação das formas e dos conteúdos de suas relações com as outras atividades e a escolha da ocasião propicia para que estas relações ocorram.

Em sendo os fins da política concernentes à vida comunitária e, em sendo esta fundada e originada na finalidade de garantir a paz, o convívio, a liberdade, a justiça e a equidade, ela diz respeito, como finalidade última e como fundamento original, a garantir os direitos da humanidade. Este é também o seu limite. Fundamento, finalidade última e limite estavam presentes nas primeiras sociedades políticas do mundo antigo de forma mais ou menos implícita e de forma mais ou menos explícita. Mas só o constitucionalismo moderno irá assumir de forma autoconsciente esta determinação.

PARTE IV

O BEM GOVERNAR

CAPÍTULO XVI

A FIRMEZA DE CARÁTER DO LÍDER

16.1 O mal da corrupção

O líder (príncipe), segundo Maquiavel, deve evitar aquelas ações e condutas que lhes reputem desprezo e ódio. Ser odiado e desprezível é uma infâmia fatal para um líder. As outras infâmias são suportáveis, mas estas não. Ser rapace e roubar a coisa pública são as atitudes mais comuns que tornam um governante odiado. Aos homens, universalmente considerados, não se deve tirar nem as coisas (os bens) e nem a honra. Há que se refrear também a ambição de poucos e, para isto, diz Maquiavel, existem diversos modos de fazê-lo. Se assim for feito, os governados viverão satisfeitos. Na verdade, entra aqui o tema da corrupção, pois a coisa pública é coisa do povo. A corrupção pode ser tolerada por certo tempo. Mas depois que o povo descobre que foi enganado pelo líder corrupto, passará a desprezá-lo.

De fato, ser roubado e ser desonrado são sentimentos que provocam humilhação a quem os sofre. E a humilhação produz o ódio. Esta é uma situação humana universal e se torna mais aguda quando ela é provocada pelo governante. O ódio pode ensejar o sentimento de vingança. Desonrar alguém significa fazer com que se sinta humilhado e envergonhado.

A pobreza recorrente, a frustração, a falta de perspectivas na vida, a existência vazia de significação são situações humilhantes. Quando essas situações são provocadas por governantes incompetentes e corruptos ou por uma situação social opressora, a revolta e o ódio podem se traduzir como contrapartidas da vergonha e da humilhação. O contraste entre a pobreza humilhante e a opulência de governantes corruptos e das elites predatórias, em regra, geram ódio, principalmente em momentos críticos, quando as pessoas perdem as mínimas condições de razoabilidade material da existência. É por isso que, geralmente, governantes e líderes corruptos perdem a legitimidade e o apoio popular. Ademais, os seus inimigos incitam as pessoas contra esses líderes, visando tomar-lhe o poder.

A corrupção nos textos de Maquiavel aparece sob várias facetas. Embora seja um tema mais explícito nos *Discorsi*, ela é recorrente também em *O Príncipe*. Na cosmovisão de Maquiavel, a corrupção tem significação assemelhada à significação que aparecia nos escritos de filósofos políticos e historiadores antigos, especialmente em Políbio: ela é universal e afeta tudo o que existe. Do ponto de vista político ela aparece na forma de corrupção pecuniária, corrupção de princípios, corrupção de caráter etc. A desumanidade, a tirania, a espoliação contra os governados, os excessos de opulência e de pobreza, a falta de equidade, a violência desnecessária e injustificável dos poderosos, a indolência, o mau governo, a falta de *virtù* são todas formas de corrupção. Quase sempre, várias formas de corrupção se combinam num mesmo governo ou num mesmo líder e partido.

Quando Maquiavel enfatiza a necessidade de o líder governar pelos altos exemplos, ele está dizendo que o líder precisa ser honesto, dedicado e abnegado no serviço à comunidade política. Ele está dizendo que o líder precisa governar bem os governados em contraste com o mau governo. Ser prudente, precavido e previdente significa agir para impedir o advento da corrupção do ordenamento político e social, da erosão de seu fundamento moral e de seus princípios fundantes. As boas leis, as boas armas, a boa educação e a liberdade ativa dos cidadãos são formas que confrontam a ação corrosiva da *fortuna* que, nas suas várias figuras em que aparece, aparece também sob a figura da corrupção.

O governante, para não ser desprezado, deve esquivar-se de ser visto como volúvel, leviano, efeminado, pusilânime e irresoluto, diz Maquiavel. Essas qualidades esmagam sua reputação como um barco que se espatifa contra os rochedos. O governante deve guardar-se como uma rocha e fazer que em suas ações se reconheça "grandeza, animosidade, gravidade e fortaleza". Suas sentenças ou decisões, em geral, devem ser irrevogáveis para que ninguém pense em enganá-lo. Mudar as decisões significa mostrar um caráter indeciso e irresoluto. Desta forma, suas decisões precisam ser sensatas e equilibradas. Não podem ser nem insuficientes e nem excessivas, mas expressar a justa medida. Nos momentos em que decide, o líder deve considerar sempre as consequências de suas ações e de seus atos.

Um governante considerado equilibrado, prudente, corajoso e competente dificilmente será assaltado por inimigos ou atacado por adversários, pois o terão como um líder forte e respeitado. Atacar um líder com grande reputação representa um risco para quem o faz. Risco de ser derrotado e desmoralizado e risco do isolamento, pois não conseguirá apoio do povo. E, ao contrário, líderes fracos nos quais se identificam as reputações negativas acima descritas serão facilmente criticados, atacados e derrotados.

Um governante com alta reputação e apoiado pelo povo dificilmente sofrerá ataques externos, relembra Maquiavel. De qualquer forma, quem governa deve considerar sempre a possibilidade de ataques externos e internos. Para defender-se dos ataques externos deve possuir, evidentemente, boas forças militares e bons aliados. Quem tem boas armas tem bons aliados, assevera o escritor florentino. É natural que líderes fortes e Estados fortes se tornem centros gravitacionais de poder, seja por respeito, por interesses ou por vantagens que outros líderes e Estados desejam nas relações com eles. Líderes fortes e Estados fortes não precisam exercer o poder usando a força ou a violência. A evidência de seu poder e de sua força, por si, exerce funções de persuasão e dissuasão. Mas a ameaça e a possibilidade de uso, em caso de necessidade, também devem ser evidentes e factíveis para que não sofram desafios desnecessários.

O governante precisa estar vigilante também com os acontecimentos internos, pois sempre haverá alguém pronto para conspirar ou atacá-lo. Por isso, nunca poderá descuidar de manter o povo satisfeito e de evitar ser odiado e desprezado. Maquiavel é enfático com a tese de que as conspirações surgem e vicejam quando alguém acredita que o ataque, a deposição ou a morte do governante satisfará o povo e que, esse alguém, ficará desestimulado de agir contra o governante quando este não é odiado e é estimado pelo povo. Mas quando o povo se torna inimigo do governante e o odeia, este deve temer as conspirações de muitos adversários, de inimigos e até de aliados.

16.2 O bom ordenamento do Estado e contenção dos militares

A existência de uma ordem institucional bem organizada, alicerce de um bom governo, também é uma condição fundamental da estabilidade dos governos e de desestímulo às conspirações. A esse respeito, Maquiavel via o reino da França de seu tempo como bom exemplo de ordem institucional bem organizada, garantidora da estabilidade. As boas instituições devem assegurar, a um só tempo, a liberdade dos cidadãos e a autoridade do governante. O parlamento, instituição representativa dos governados, expressava a existência da liberdade. O constituinte, o fundador de Estados, deve saber que os grandes (poderosos) sempre serão desmedidamente ambiciosos. Por isso será preciso colocar-lhe freios institucionais capazes de corrigi-los, moderá-los e temperá-los.

No caso da França do início do século XVI, os artífices das instituições daquele tempo conheciam também "o ódio que o povo em geral tinha dos grandes, fundado em seu medo".[63] Para não estabelecer uma dependência direta da defesa do povo ao rei e nem deixar o rei vulnerável aos poderosos por defender o povo, o artífice criou os tribunais independentes para garantir os direitos do povo.

Na verdade, Maquiavel observa no reino francês os fundamentos da clássica Constituição mista, discutida pelos antigos. O sistema de freios e de equilíbrios institucionais, que mais tarde será aperfeiçoado pela Constituição norte-americana, já estava vislumbrado em *O Príncipe* na análise da França daquele tempo. Ele conclui que as ações onerosas de um Estado em relação aos governados devem ser destinadas a várias instituições internas, sendo que aquelas que implicam a graça, gerando satisfação dos cidadãos, devem ser concentradas no governante. Este deve sempre estimular os grandes nos seus empreendimentos, e nunca se deixar odiar pelo povo, protegendo-o e favorecendo-o sempre.

Maquiavel nota que no Império romano, principalmente depois de Marco Aurélio, os imperadores tinham um fator de instabilidade a mais em relação aos outros principados que se definiam pela oposição clássica entre o povo e os nobres (os grandes). Tratava-se da crueldade e da rapacidade dos soldados que não gostavam de imperadores que não fossem afeitos à guerra. As guerras eram o móvel da rapacidade, do enriquecimento, da pilhagem em relação aos outros povos e também da exploração do povo romano. Assim, havia uma oposição entre o povo e os soldados, sendo difícil satisfazer a ambos. Diz Maquiavel a esse respeito:

---

63 MACHIAVELLI, Niccolò. *Tutte le opere storiche, politiche e letterarie*. Roma: Grandi Tascabini Economici Newton, 1998, p. 40.

> O povo estimava a quietude e, por essa razão, gostava dos príncipes modestos. Os soldados, por sua vez, gostavam dos príncipes com ânimo militar, e que fossem cruéis, insolentes e rapaces, pois queriam praticar essas qualidades contra o povo para poder duplicar o seu soldo e dar vazão à sua avareza e crueldade.[64]

Esta descrição vale como explicação de regimes onde há a indisciplina militar e o pronunciamento político dos militares. Estes regimes são instáveis por natureza, pois os militares recorrem à força para impor sua vontade. Nos regimes militares, em regra, os oficiais multiplicam seus ganhos, quando não pela guerra e pela rapinagem, pela ocupação de elevados postos políticos e administrativos no Estado. A acumulação de cargos e funções dobra os seus proventos e os membros do alto escalão passam a agir mais por um interesse oculto – o ganho – do que pelo interesse público, o interesse do Estado e do povo.

O pronunciamento político dos militares os desvia da sua função, que é a de se prepararem para a guerra. Enquanto não têm o poder, conspiram. No poder, suprimem liberdades e direitos, acumulam ganhos e, no final, se corrompem. A intervenção política dos militares marca a oposição entre o povo e os soldados, levando à ruína a ordem civil e à supressão de liberdades.

O que Maquiavel indica, com base na experiência dos imperadores bons - Marco Aurélio, Pertinax (126-193) e Alexandre Severo (208-235) - e dos imperadores maus - Cômodo (161-192), Septímio Severo (141-211), Antonino Caracala (188-217) e Maximino (173-238) - é que os militares precisam ser contidos, submetidos e disciplinados. Ao mesmo tempo, o governante deve satisfazer e conter o povo.

---

64 MACHIAVELLI, Niccolò. *Tutte le opere storiche, politiche e letterarie*. Roma: Grandi Tascabini Economici Newton, 1998, p. 41.

Dentre os bons imperadores daquele período do Império, somente Marco Aurélio, pelas suas virtudes e competência, era respeitado por todos e não era odiado. Os outros dois, por serem justos, humanos e bondosos, tiveram um triste fim. Ambos morreram assassinados por motins de soldados. Os maus imperadores favoreceram a crueldade e a rapacidade dos soldados. Mesmo com tudo isso, somente Severo se livrou de um fim trágico. Depois da desordem governamental, de indisciplinas, da corrupção do Senado e do assassinato de Cômodo e de Pertinax, substituído por Dídio Juliano (137-193) que comprou seu título, Séptimo Severo marchou para Roma, depôs e mandou executar o novo imperador. Tornando-se imperador com o apoio militar e do Senado, Severo teve que combater outros dois pretendentes à coroa, antes de estabilizar seu poder: Pescênio Niger (135-194) no Oriente e Clódio Albino (150-197), no Ocidente.

Mas para estabilizar seu poder e impor a disciplina militar, Séptimo Severo estabeleceu uma espécie de ditadura, mandou executar senadores corruptos substituindo-os por aliados seus e dissolveu a guarda pretoriana, substituindo-a por sua guarda pessoal. Esses senadores e Albino foram executados com atos de crueldade brutal. Apesar de sua ferocidade (leão), Severo foi muito astucioso (raposa), e conseguiu administrar bem o Império, tornando-se muito popular.

Severo melhorou o soldo dos militares, criou os colégios militares, reformulou o estatuto civil dos mesmos e ampliou em 10% o seu efetivo. Mas, se o governo tinha um caráter militar, Severo rodeou-se de servidores civis de várias nacionalidades – juristas, administradores, filósofos etc., – procedimento que contrabalançou o poder dos militares. Transferiu funções imperiais de administração dos tribunais aos prefeitos, fator que fortaleceu o poder civil do império. Esses filósofos, a exemplo de Flávio Filóstrato (9170-250), promoveram o abandono do estoicismo e imprimiram uma orientação neoplatônica ao pensamento da Corte imperial.

O que se conclui é que o governante deve ter sempre a autoridade sobre os militares, fazendo-se respeitado e não desprezado por eles. Ao mesmo tempo em que os satisfaz, deve punir a indisciplina e o pronunciamento político de forma exemplar. Se há indisciplina, as causas dela devem ser sanadas e os militares submetidos. Os generais-comandantes devem ser fiéis, competentes e de sua absoluta confiança. Não basta ser competente: é preciso ser fiel. E não basta ser fiel: é preciso ser competente na arte militar e na capacidade de comando. Afinal de contas, a história do Império romano mostra que quando os militares estão propensos à indisciplina e à intervenção política, ocorrem, em abundância conspirações, assassinatos de governantes, usurpações e guerras civis. No mundo moderno, essas práticas foram recorrentes com conspirações, golpes, deposições de governantes legítimos e instauração de ditaduras.

Da análise dos bons e dos maus imperadores, Maquiavel reforça uma tese geral que já havia estabelecido: "aqui se deve notar que o ódio se adquire, assim, mediante as boas ações, como às más: e como eu disse acima, um príncipe querendo se manter no Estado é frequentemente obrigado a não ser bom".[65]

Para exemplificar esta passagem, volte-se ao caso dos imperadores. Séptimo Severo ganhou reputação e respeito pela sua ferocidade e astúcia. Já o imperador Alexandre Severo, por sua vez, foi considerado um dos mais bondosos e, durante os 14 anos de seu poder, nunca mandou executar ninguém sem julgamento. Tratou bem os cristãos, não os perseguindo. Não tinha, contudo, apoio político e militar e terminou caindo no desprezo. Além de ser considerado efeminado, era tido como um homem dominado pela mãe. O exército conspirou contra ele e o assassinou. A bondade de Alexandre o tornou odiado e o levou à morte. A ferocidade de Severo o fez temido e respeitado.

---

65 MACHIAVELLI, Niccolò. *Tutte le opere storiche, politiche e letterarie*. Roma: Grandi Tascabini Economici Newton, 1998, p. 42.

O que se tem, então, pela descrição de Maquiavel, é que Cômodo, Severo, Antonino Caracala e Maximino foram considerados extremamente cruéis e rapaces. Injuriaram e sobrecarregaram os povos sob o Império, com muitos sacrifícios, para satisfazer os soldados. Com exceção de Severo, como foi dito, foram assassinados. Severo ostentava muitas habilidades e uma ferocidade leonina. Combinava com perfeição as dimensões de leão e de raposa. Com sua ferocidade era admirado tanto pelos soldados quanto pelos povos. Os povos ficavam "estupefatos e atônitos" e os soldados, "reverentes e satisfeitos". Com suas habilidades, ele teria sido um modelo de raposa e leão.

Ao analisar as circunstâncias de poder desses imperadores, Maquiavel aponta para três situações distintas. A primeira, é a de Alexandre Severo, homem bom e justo. Foi assassinado por não se impor com ferocidade sobre os soldados. Não conseguiu mantê-los fiéis e disciplinados. A segunda, é a de Cômodo, a de Maximino e dos outros. Cômodo teria um reinado bom se tivesse seguido os passos do pai. Mas era cruel e bestial. Favoreceu a ganância e a rapacidade dos soldados contra o povo, tornando-os licenciosos. Não se preocupou com a dignidade do cargo e entrou nas arenas para combater com gladiadores. Era cruel e amante da violência. Tornou-se desprezível no conceito dos soldados e odiado e desprezado pelos outros. Com o ódio de uns e o desprezo de outros, terminou assassinado. Maximino era "muitíssimo belicoso". Os exércitos o elegeram imperador enfastiados com a passividade de Alexandre Severo. Duas coisas o tornaram odiado e desprezado, o que fez que se mantivesse por pouco tempo no poder: era de uma camada social inferior (foi pastor na Trácia) e, ao ser escolhido imperador demorou muito a ir a Roma e, nesse tempo, através de seus aliados, cometeu muitas perversidades. Assim, todos o desprezavam pela sua baixa condição social e todos passaram a odiá-lo pela sua ferocidade. Provocou rebeliões e conspirações, terminando assassinado.

A terceira situação é a de Séptimo Severo: homem feroz e habilidoso, se impôs aos soldados e fez-se admirado pelos povos.

De alguma forma ou de outra, produziu um bom governo com reformas nos exércitos, na administração e na economia. Ao guerrear contra o Império Parda, fez a Mesopotâmia recair sob o controle romano. Nos últimos anos de sua vida, defendeu Roma dos levantes dos bárbaros. Mesmo tendo governado em hostilidade ao Senado, na sua morte foi proclamado *Divus* por este.

Tomando por base o estudo dos bons e maus imperadores romanos que sucederam a Marco Aurélio, Maquiavel estabelece como causa universal da ruína de governantes e líderes o fato de se tornarem desprezados e odiados. Uns procederam de um modo e terminaram bem ou mal; outros procederam de outro modo e tiveram "um triste fim" ou se preservaram. Pertinax e Alexandre erraram porque eram príncipes novos e tentaram, em tudo, imitar Marco Aurélio que era um príncipe de família de imperadores. Caracala, Cômodo e Maximino tentaram imitar Severo, o que foi pernicioso porque não tinham as suas habilidades. Um príncipe novo no comando de um principado novo deveria imitar Severo, buscando consolidar seu poder. Já aqueles que não são príncipes novos deveriam imitar as qualidades convenientes e gloriosas de Marco Aurélio para conservar o poder do Estado que já estava estabelecido. Ou seja, uns e outros escolheram os modelos e os métodos errados de exercer o poder.

Da questão da relação dos imperadores com os povos e com os soldados, Maquiavel indica o seguinte: existem situações e períodos históricos em que os exércitos são muito fortes e pressionam o governante visando fazer valer os seus interesses. Em outras, os povos estão relativamente fortes e os exércitos fracos. Se o governante se submeter aos desígnios dos exércitos tende a se tornar cruel e os soldados buscam praticar todo tipo de licenciosidade. Se os povos são fortes e se o governante não consegue satisfazê-los e, ao mesmo tempo, não consegue controlar suas pressões e reivindicações, a tendência que se apresenta é a da ingovernabilidade. Desta forma, o que importa é que o governante deve procurar estabelecer sempre relações de equilíbrio entre os grupos sociais e institucionais cujas ações se orientam para influenciar o poder.

Os desequilíbrios internos de poder tendem a desestabilizar os governos, deixando o governante, ou tutelado pelos exércitos ou mergulhado no desgoverno por não conseguir atender e conter o povo. O mesmo ocorre em relação aos poderosos, às elites econômicas. Para estas, a regra é a seguinte: não devem ser levadas ao desespero. Deve-se permitir que realizem os seus empreendimentos, mas devem ser contidas na sua sanha de oprimir e explorar o povo e os trabalhadores.

A questão essencial na determinação do modo de proceder consiste em conhecer, de forma minuciosa, o conjunto das circunstâncias nas quais se desenrola a ação do governo. É preciso conhecer as tendências do momento, o rumo em que os ventos sopram e os humores e interesses dos diversos grupos sociais. Olhando a questão do proceder do governante a partir da perspectiva da lógica invertida, se tem que, se o príncipe não beneficiar o povo, se o príncipe exercer um poder tirânico com seus soldados contra o povo, o povo deve odiá-lo e conspirar para derrubá-lo, assim como fez o povo romano contra vários de seus imperadores.

CAPÍTULO XVII

O POVO COMO FORTALEZA

17.1 O poder organizado do povo

Maquiavel indica que a dinâmica das relações entre o governante e os governados é decisiva para configurar a estabilidade e a perdurabilidade do poder e prevenir ataques. Esta dinâmica envolve, fundamentalmente, três vértices: as qualidades morais do governante para comandar e governar; a disponibilidade dos meios necessários para atingir os fins a que se propõe; e a obtenção de resultados que satisfaçam as maiorias sociais. No capítulo XX de *O Príncipe* afirma:

> Alguns príncipes para ter seguramente o Estado têm desarmado os súditos; alguns têm dividido os territórios conquistados; alguns têm nutrido inimizades contra si mesmos; alguns outros têm se voltado para conquistar aqueles que eram suspeitos no princípio de seu Estado (governo). Alguns têm edificado fortalezas; outros arruinaram fortalezas e as destruíram.[66]

---

66 MACHIAVELLI, Niccolò. *Tutte le opere storiche, politiche e letterarie*. Roma: Grandi Tascabini Economici Newton, 1998, p. 44.

Fica claro que acerca de todas essas ações não se pode dar uma sentença definitiva, mas que é preciso considerar a particularidade de cada Estado para emitir um juízo apropriado. O que pode ser correto no modo de agir em um Estado, pode não o ser em outro. O que pode ser eficiente em um momento, pode ser desastroso em outro.

Mas Maquiavel não deixa de formular uma regra geral de conduta para aqueles que chegam ao poder: "nunca aconteceu, no entanto, que um príncipe novo tenha desarmado os seus súditos; ao contrário, quanto estavam desarmados, sempre os têm armado".[67]

A tese do escritor florentino é a de que, ao armar os cidadãos, eles se tornam adeptos, seguidores, partidários do governante e não permanecem mais na mera condição de súditos ou governados. Ao armá-los, o líder mostra que tem confiança nos liderados e governados. Ressalva, no entanto, que não é possível armar a todos. Deve-se armar uma parte, aquela que propende a ser mais fiel. Esta é uma garantia, uma prevenção contra os outros. Evidentemente, esta não é uma situação normal de substituição de um governo por outro pela via das regras estabelecidas. Trata-se da conquista do poder pela via das armas ou de uma revolução ou quando o novo governo quer agir como novo príncipe com o objetivo de refundar ou reformar o Estado.

A questão essencial aqui é a confiança que o governante novo deve conquistar e os meios e procedimentos que deve adotar para conquistá-la. O governante deve olhar o palácio e a si mesmo da perspectiva da praça e do povo. Se ele olhar o povo e a praça apenas da perspectiva do palácio não será capaz de gerar a confiança necessária para governar com o apoio do povo. Deve armá-lo sempre que for o caso e organizá-lo sempre, pois é o povo organizado e ativo a maior fortaleza que um governante pode ter contra inimigos externos e internos.

---

67 MACHIAVELLI, Niccolò. *Tutte le opere storiche, politiche e letterarie*. Roma: Grandi Tascabini Economici Newton, 1998, p. 45.

A recomendação de Maquiavel de armar o povo pode ser entendida politicamente como o seu empoderamento e organização. O governante estará tanto mais seguro se for apoiado por um povo ativo e organizado. Deve organizar os governados fortalecendo o seu poder, particularmente o daqueles setores e movimentos populares mais propícios a apoiar um governo que quer governar em favor do povo. Organizar os setores populares e mobilizá-los para defender seus direitos e as causas do governante consoantes com o bem-estar, a justiça e a liberdade é uma maneira mais segura para realizar um programa de reformas e para defender-se dos inimigos. É preciso criar um vínculo de confiança e articulação entre o atendimento das demandas populares e o apoio popular ao governante ou entre o seu compromisso programático e a fidelidade política dos movimentos organizados.

Desarmar os governados, agir contra as suas organizações ou mantê-las submissas e passivas representa, no primeiro caso, uma ofensa, e no segundo, um tutelamento. Isso indica que o governante não confia neles: acharão que isto é feito "ou por covardia ou por pouca fé, e uma ou outra dessas opiniões gera ódio" contra o governante, diz Maquiavel. E como o príncipe não pode estar desarmado, precisará recorrer a forças da ordem para conter o povo, gerando inúmeros inconvenientes. Maquiavel volta a enfatizar que quando um príncipe novo conquista um Estado precisa compor um exército formado pelos seus próprios súditos. Isto vale também para a política: um novo governante precisa organizar uma base de apoio formada por forças fiéis, tanto no parlamento, quanto na sociedade.

Mas em toda regra geral há uma exceção. Se um príncipe conquistar e anexar um território ao seu Estado, então ele deve desarmar os súditos do território conquistado a não ser aqueles que colaboraram com a sua vitória. Mas deve agir, com o passar do tempo, para que estes últimos arrefeçam o seu ânimo e suas virtudes combativas para que fiquem amolecidos e acomodados. Assim, o conquistador ficará com um único exército formado pelos seus próprios soldados. O que vale dizer na inversão política, como já foi indicado: um governante novo que ascenda ao poder deve desarticular as forças políticas precedentes incrustadas no Estado. Pode aceitar o apoio daqueles que se dispuserem a apoiá-lo, mas mantendo uma vigilância permanente contra possíveis sabotagens. Se existirem quadros técnicos competentes, deve buscar torná-los aliados, servindo-se deles para melhor governar.

17.2 Unir a sociedade

Se, por um lado, o apoio do povo fornece mais segurança ao governante do que fortalezas e palácios ou o mero apoio dos exércitos, por outro, a unidade da sociedade também é uma garantia de estabilidade e método imprescindível para governar bem. Maquiavel é frontalmente contra a tese de "dividir para governar". Se o "*divide et impera*" dos romanos antigos é uma tática e técnica válidas nas guerras e nas batalhas, como Maquiavel indica na *Arte da Guerra*, ela, contudo, não serve para o bom governo. Pelo contrário, Estados com povos divididos e inconciliáveis seriam presas fáceis de inimigos externos, pois a parte mais fraca tenderia a aliar-se a eles, provocando o colapso do poder estabelecido. Estariam também sempre sujeitos a dissensões civis internas com potencial de guerras civis ou de desordem permanente.

No capítulo XX de O *Príncipe*, Maquiavel toma como exemplo de política divisionista a dos venezianos: eles fomentavam a rivalidade entre guelfos e gibelinos nas cidades que dominavam. Essa política não deu bons resultados. A tese de Maquiavel é a de que o governante que fomenta a divisão, geralmente, é um governante fraco. Um governante forte age para debelar as rivalidades internas, principalmente nos tempos de guerra. Ele não desconhece o fato de que muitos príncipes ganharam reputação pelo fato de que a *fortuna* fez com que seus inimigos lhes fizessem oposição e, ele, tendo a ocasião de debelar essa oposição e inimizade, angariasse prestígio e fama. Dada essa circunstância, o autor indica que muitos sugerem que os próprios príncipes sejam astuciosos e instiguem seus inimigos a atacá-los para poder derrotá-los, visando conquistar grandeza e glória.

Estimular conflitos para superá-los geralmente constitui um poder artificial e uma glória efêmera e este método não deve ser adotado como regra. Maquiavel nota que, em determinadas circunstâncias, um governante, principalmente um governante novo, tem encontrado mais fidelidade naqueles que no início lhes pareciam suspeitos do que naqueles que lhe inspiravam confiança. Isto, na verdade, não pode ser um método, mas é algo que depende das circunstâncias de cada caso. Esta facilidade de encontrar fidelidade nesses que lhes pareciam hostis se deve ao fato de que eles precisam de apoio para manter-se. O apoio que eles recebem do governante os obriga a um serviço leal, buscando apagar a sua suposta ou real oposição inicial com atos de fidelidade e compromisso. Assim, um governante novo deve recrutar os bons técnicos, os bons operadores, que serviam ao governo anterior, buscando torná-los fiéis, mas, como se disse, mantendo sempre a vigilância.

Maquiavel adverte que quando um príncipe novo conquista um novo Estado com a ajuda de parte dos cidadãos desse Estado precisa avaliar os motivos da ajuda. Se estes motivos se referirem ao descontentamento com o antigo governo e não com uma afeição natural com o conquistador, então, deve ficar alerta porque não conseguirá transformá-los em aliados fiéis, pois nunca conseguirá satisfazê-los. Isto vale também para as alianças eleitorais.

A partir de casos históricos, Maquiavel assevera que a maior fortificação de um governante é não ser odiado pelo povo. Nenhuma fortaleza poderá salvar um governante do ódio do povo. Um povo rebelado não pode ser contido e nunca lhe faltarão armas e forasteiros que o acudirão. Aplicando a lógica das lições reversas, Maquiavel estaria indicando aqui que os povos que odeiam seus príncipes devem se rebelar, mesmo que os príncipes estejam entrincheirados em fortalezas e palácios. Não seria difícil ao povo derrotar o governante. Nenhum exército será capaz de conter multidões organizadas, rebeladas e conscientes dos seus objetivos. Evitar ser odiado pelo povo é a regra de ouro para manter a estabilidade do poder e boas condições de governo. Com isso, indica Maquiavel, o governante poderá governar bem o povo, mantendo-o satisfeito, unido, obtendo a sua fidelidade.

CAPÍTULO XVIII

OS ALTOS EXEMPLOS E OS GRANDES EMPREENDIMENTOS

18.1 Premiar a criatividade e a solidariedade

Se o governante deve evitar ser odiado e desprezado, precisa ser respeitado, estimado e reputado. Duas coisas se destacam na conquista do respeito e reputação: "nenhuma coisa faz estimar tanto um príncipe quanto a realização de grandes empreendimentos e de dar de si mesmo altos exemplos".[68] Maquiavel reafirma aqui aquilo que já dissera: um governante ou líder é avaliado pelos resultados de suas ações e pelas suas virtudes, o que se traduz nos empreendimentos e nos exemplos.

"Os grandes empreendimentos" podem ser obras físicas, o bem-estar geral, resultados econômicos ou atividades, como as guerras, conquistas, o progresso educacional, social e tecnológico do país, descobertas científicas etc. Maquiavel cita Fernando de

68 MACHIAVELLI, Niccolò. *Tutte le opere storiche, politiche e letterarie.* Roma: Grandi Tascabini Economici Newton, 1998, p. 47.

Aragão, rei da Espanha, que conquistou fama e glória, através de ações extraordinárias. Ao tomar Granada, em 1492, vencendo os mouros após 10 anos de guerra, assentou as bases do seu Estado e de seu poder.

O líder empreendedor deve manter ocupados os governados, principalmente aqueles que detém poder. Fernando de Aragão manteve ocupados os barões de Castela com as guerras e, assim, eles não tinham tempo para outras coisas, para conspirar, por exemplo. Essa mobilização fez com que o rei adquirisse prestígio e autoridade junto a eles. Com o dinheiro da igreja e do povo, conseguiu organizar um exército próprio, ampliando sua reputação.

Maquiavel nota que Fernando de Aragão, para realizar maiores empreendimentos, sempre se valeu da religião e lançou mão "da crueldade disfarçada de piedade", espoliando os marranos e expulsando-os de seu reino, algo que "dificilmente pode ser superado em torpeza". Acrescenta:

> Assaltou, sob o mesmo pretexto, a África, fez campanha na Itália, ultimamente assaltou a França. E assim tem feito urdir coisas grandes, com as quais sempre manteve o ânimo dos súditos em suspense e admirados, acompanhando o desenrolar dos acontecimentos. Suas ações têm nascido uma da outra, nunca deixando, entre uma e outra, nem espaço e nem tempo para que os homens operassem quietamente de forma contrária.[69]

O que Maquiavel indica aqui é que um governante novo deve operar de forma permanente como se seu governo fosse o desdobramento de um drama. Deve promover uma sucessão de ações encadeadas, mantendo os governados, tanto em estado de suspense, admirados pela sua inventividade, quanto mobilizados e engajados

69 MACHIAVELLI, Niccolò. *Tutte le opere storiche, politiche e letterarie*. Roma: Grandi Tascabini Economici Newton, 1998, p. 47.

em suas ações. Na verdade, o governante da tipologia do príncipe novo deve ocupar o máximo de espaço e do tempo dos governados, provocando uma tensão positiva e mobilizadora, pois, assim, além de desenvolver o caráter empreendedor do governo, evita-se a passividade do Estado em geral, algo que pode estimular críticas, perda de legitimidade, indolência, burocracia e conspirações.

Por outro lado, Maquiavel recomenda que o governante deva dar altos exemplos de conduta nas ações orientadas para a política interna. Deve premiar os governados que produzem alguma coisa "extraordinariamente boa" e deve punir ou condenar aqueles que produzem alguma coisa extraordinariamente má. Essas ações de premiação ou condenação devem ter a máxima repercussão possível junto aos governados, pois além de projetar-se como um homem sábio e justo, ao usar os exemplos de forma positiva (premiação) ou negativa (condenação) estimula uma conduta moral correta e exemplar no povo (sociedade). Trata-se de estimular uma moral cívica dos cidadãos, o sentimento de comunidade e de pertencimento de uns para com os outros e para com a coisa pública. Por exemplo, um ato heroico de um cidadão comum, um grande invento ou um ato de honestidade extraordinário devem ser premiados pelo governante. Da mesma forma, as violências cruéis, os grandes crimes, a corrupção, são atos que devem ser condenados pelo governante, que deve exigir a punição ou deve aplicá-la se for de sua alçada legal.

Nada mais estimula o ânimo, a solidariedade, o sentimento de unidade e a moral cívica dos cidadãos do que os altos exemplos do próprio governante. Assim, ele exercerá mais o poder e a autoridade pela sua conduta exemplar do que pela força. Os altos exemplos lhes rendem admiração, reputação, respeito, amor e temor. Ele terá condições morais, tanto para estimular o engajamento em grandes projetos, quanto para exigir sacrifícios e abnegação dos cidadãos, se for o caso. Premiar a inventividade e as ações boas e extraordinárias, condenar as ações más e dar altos exemplos são ações necessárias à construção da grandeza e à conquista da glória do governante. Sem elas não há grandeza e nem glória.

18.2 A indecisão como malefício

Para Maquiavel, a franqueza, o tomar partido, deve ser a regra geral da conduta do governante. Ele não pode se omitir em face de conflitos entre terceiros com os quais se tem relações ou vizinhança. Caso não faça isto, ficará suspeito aos olhos de vencedores e derrotados e não tirará nenhum proveito das recorrentes situações de conflitos. Poderá, inclusive, vir a ser atacado pelo vencedor, pois este suspeitará que a neutralidade visava favorecer o seu inimigo. Já o vencido, sentirá regozijo ao ver o neutro ser atacado polo inimigo deste, pois ele suspeitará de que a neutralidade se devia à covardia. Enfiam, a neutralidade, além de não produzir nenhuma utilidade, leva ao isolamento, quando não ao desprezo e à irrelevância.

Em casos de guerras, Maquiavel indica que aquele que não é teu aliado pedirá para que você fique neutro e aquele que é teu amigo te pedirá apoio. A maioria dos líderes indecisos opta pela neutralidade e são quase sempre malsucedidos. Aqueles que optam pelo engajamento na guerra, geralmente são respeitados e beneficiados se o seu aliado vencer, mesmo que ele seja muito poderoso. O vencedor se sente em dívida e manifestará sua gratidão. Ademais, como o futuro é incerto, o vencedor poderá necessitar de auxílio dos aliados e amigos no futuro e buscará manter o respeito e a aliança por mais poderoso que seja. Já, se o aliado for derrotado, ele manifestará ainda mais gratidão e respeito e buscará beneficiar aquele que o socorreu em tudo o que puder.

Maquiavel acrescenta um ponto muito importante sobre a política de alianças:

> Aqui é de se notar que um príncipe deve estar advertido de nunca fazer alianças com alguém que seja mais poderoso do que ele para atacar os outros, a não ser quando a necessidade o constrange a isso, como já foi dito anteriormente. Isto

> porque, vencendo, ficará prisioneiro de quem o auxiliou. E os príncipes devem fugir de ficar na dependência dos outros.[70]

O que se vê ainda hoje é a completa negligência desta regra, mesmo para forças políticas que aspiram posições de comando. Uma das consequências mais comuns, nesses casos, é a traição que o mais poderoso aplicará a uma força fraca que recorre a ele.

Em qualquer circunstância, aderindo ou não aderindo a uma luta, o líder deve estar consciente de que correrá riscos, pois eles fazem parte "da ordem das coisas". Isto é: é da natureza das ações políticas ou militares correr riscos, seja qual for a forma de engajamento nos acontecimentos. Maquiavel acrescenta que não se consegue fugir de um inconveniente sem incorrer em outro: "mas a prudência consiste em saber conhecer a qualidade dos inconvenientes e escolher o menos ruim por bom".[71]

Então, se tem três pontos fundamentais a partir das análises de Maquiavel acerca da política de alianças e das escolhas de alternativas políticas e militares: 1) A não ser em caso de extrema necessidade, quando está em questão a própria sobrevivência ou a vida, nunca se deve fazer alianças com alguém mais poderoso. Pode-se apoiar alguém mais poderoso, caso ele necessite, mas não fazer uma aliança de poder, caso você seja o necessitado. A aliança com alguém mais poderoso gera uma dependência em relação a ele, o que lhe tira a autonomia decisória e de ação. Decidir e agir com autonomia é condição de êxito nas ações e de preservação de poder. Ter autonomia significa ter forças próprias, não depender de outros; 2) Como regra, em todas as escolhas humanas, particularmente nas escolhas políticas e/ou militares, é preciso ter consciência de que há riscos. O líder prudente sopesa os riscos antes de escolher,

---

70 MACHIAVELLI, Niccolò. *Tutte le opere storiche, politiche e letterarie*. Roma: Grandi Tascabini Economici Newton, 1998, p. 48.

71 MACHIAVELLI, Niccolò. *Tutte le opere storiche, politiche e letterarie*. Roma: Grandi Tascabini Economici Newton, 1998, p. 48.

decidir e agir. As escolhas certas, geralmente implicam na recusa do inconveniente maior em favor do inconveniente menor. Mas a recusa do inconveniente maior não pode implicar no desconhecimento do inconveniente menor, pois este, se ignorado, pode causar a ruína; 3) nas escolhas de alternativas políticas e militares praticamente não há o bom e o ótimo. Então, o prudente escolhe o menos ruim como bom. Esta situação se deve ao fato de que nas ações políticas e militares geralmente há um jogo de perdas e ganhos. Não há um jogo de ganhos absolutos, um jogo de soma positiva. Assim, o prudente deve escolher a opção em que há menos perdas. Esta opção geralmente é a que possibilita os maiores ganhos.

Voltando ao texto de *O Príncipe*, o governante deve ser um estimulador das virtudes, dos empreendimentos e do progresso: "deve, ainda, um príncipe mostrar-se amante das virtudes e dar acolhimento a aqueles homens virtuosos, honrando aqueles que são excelentes em uma arte".[72] Assim, Maquiavel diz que o governante deve estimular os agricultores, os comerciantes, os lavradores, os inventores, enfim, todos os que exercem atividades produtivas, garantindo a segurança na produção e a não penalização por pesados impostos. Deve ainda instituir recompensas, incentivos, para aqueles que quiserem melhorar sua cidade e seu Estado com seus empreendimentos. Ou seja, trata-se, por um lado, de estimular as virtudes e a moral social através de uma vida social correta e da prática dos bons exemplos; e, por outro, adotar uma política pública de estímulo ao empreendedorismo e ao progresso material, pois isto produz bem-estar aos cidadãos em geral, à cidade e ao Estado. Trata-se de somar os bens morais e os bens materiais numa justa e adequada combinação, como já indicavam os filósofos antigos.

As pessoas não sobrevivem apenas do trabalho. Elas precisam fruir a vida e o governante deve também cuidar disso. Assim,

72 MACHIAVELLI, Niccolò. *Tutte le opere storiche, politiche e letterarie*. Roma: Grandi Tascabini Economici Newton, 1998, p. 48.

Maquiavel recomenda que, nas datas apropriadas e convenientes, o governante proporcione ao povo festejos e espetáculos atentando para a pluralidade da vida social e cultural. Esses eventos culturais fortalecem os vínculos comunitários do povo, agregando-o, unindo-o e provocando seu contentamento. As diferentes expressões culturais e comunitárias devem ser contempladas. O governante, "algumas vezes", deve participar das reuniões e encontros das comunidades, dando "exemplos de humanidade e de munificência, tendo sempre o cuidado de nunca perder a majestade de sua dignidade". Ao conviver com o povo, ao mostrar-se povo, o governante não pode ser vulgar, pois se não mantiver a dignidade do cargo perderá o respeito e a autoridade.

CAPÍTULO XIX

OS CRITÉRIOS DE ESCOLHA DOS AUXILIARES

19.1 Aquele que anda com sábios será sábio

A prudência e a *virtù* de um governante podem ser medidas na escolha de seus auxiliares diretos, indica Maquiavel. E, neste ponto, não há meio termo: eles "são bons ou não". Para o governante, vale o Provérbio[73] que diz que "aquele que anda com sábios será cada vez mais sábio" ou a máxima popular do "diga-me com quem andas e te direi quem és", traduzida pelo autor de *O Príncipe* da seguinte forma:

> O primeiro juízo que se faz de um senhor consiste em ver que tipo de homens ele tem no seu entorno. Quando estes são eficientes e fiéis, sempre se pode reputá-lo como sábio, porque tem sabido conhecer-lhe a eficiência e mantê-los

73 BÍBLIA A. T. "Provérbios". *Bíblia Sagrada*: velho e o novo testamentos. Capítulo 13, versículo 20, 2015, p. 1008. Disponível em: https://media.ldscdn.org/pdf/lds-scriptures/holy-bible/holy-bible-83800-por.pdf. Acessado em: 05.04.2022.

> fiéis. Mas, em caso contrário, sempre se pode não fazer um bom juízo dele porque o primeiro erro que faz, o faz nessa escolha.[74]

O grande líder é aquele que escolhe os melhores e mais competentes homens disponíveis que podem auxiliá-lo. Muitas vezes, esses homens nem são pessoas próximas. Mas o governante prudente e corajoso deve saber avaliar as suas capacidades e a sua fidelidade, nunca temendo a competência dos outros. Escolher os melhores, mesmo que não lhe sejam próximos, é um sinal de grande prudência e sabedoria. Em contrapartida, governantes que não são nem prudentes e nem sábios, de modo geral, escolhem pessoas aduladoras, fracas e subservientes e este é um erro grave, pois despotencializa e enfraquece as possibilidades e perspectivas da ação governamental. Estes auxiliares se revelarão inúteis, subservientes, servis e bajuladores.

O governante prudente deve saber em sua autoconsciência que existem competentes técnicos muito superiores a ele e que ele não tem o domínio e o conhecimento sobre todas as coisas. Se os escolhe pela competência e se souber mantê-los fiéis, ele será não só prudente, mas também o maior competente político, o mais sábio, unindo a virtude moral com a virtude intelectual. A competência política é a competência do comando e, assim, ele comandará todas as outras competências.

O governante deve ter a capacidade de avaliar os seus ministros, reconhecendo quando dizem ou fazem o bem e o mal. Se tiver essa capacidade, deve exaltar as boas qualidades e corrigir as más. Assim, poderá manter o ministro no bem e no bom agir. Ele deve agir de tal forma que as ações dos subordinados e auxiliares expressem sempre o interesse público, o interesse do Estado.

---

74 MACHIAVELLI, Niccolò. *Tutte le opere storiche, politiche e letterarie.* Roma: Grandi Tascabini Economici Newton, 1998, p. 49.

Negligenciar as más condutas e más ações dos auxiliares leva a ação governamental à indolência, ao desleixo, à corrupção, à burocratização e à paralisia. Não reconhecer a competência dos auxiliares significa não estimular as suas potencialidades, o que se traduz em desperdício de capacidades e iniciativas.

Maquiavel apresenta uma fórmula para avaliar os ministros e auxiliares: se em suas ações o ministro pensa mais em promover-se a si do que ao governante e ao governo, buscando um proveito pessoal, não deverá confiar nele. A razão disso se deve ao fato de que um ministro, que lida com as coisas do Estado, deve agir sempre em benefício do poder público e do governo e nunca em benefício próprio. Não se pode misturar o interesse próprio com o interesse do Estado.

Agora, se o ministro age honestamente promovendo sempre com suas ações o governo e o interesse público, o governante deve honrá-lo, estimá-lo e dividir com ele as honras e os feitos. Se o ministro se sentir satisfeito com essas honras, o governante poderá confiar nele e ele poderá confiar no governante.

19.2 O líder prudente e os aconselhamentos

Ao analisar o tema da adulação Maquiavel indica que, da mesma forma que o governante deve saber lidar com os ministros, deve saber também lidar com os aduladores em geral. O problema principal dos aduladores é que eles são interesseiros, mentem para agradar o governante e ocupar postos privilegiados. Os governantes sem prudência e inseguros se comprazem com as adulações. Assim, esses governantes, sem discernimento das coisas e da natureza humana se deixam enganar. Cedem ao seu próprio prazer de se sentirem adulados. Não consideram a realidade efetiva das coisas e as dificuldades que consiste em governar.

Em regra, os aduladores se estabelecem onde há governantes e poder em qualquer lugar do mundo. Os governantes e as pessoas em geral se comprazem com as adulações porque elas elevam a autoestima e o orgulho dos adulados. Mas, no mais das vezes, são enganosas, principalmente para os governantes. Os governantes que se cercam de aduladores precisam se sentir protegidos porque são fracos e inseguros.

Maquiavel afirma que quando o governante procura se esquivar dos aduladores pode cair no erro oposto: permitir que todos lhes digam a verdade. Se todos podem lhes dizer a verdade, ele perderá o respeito e a autoridade e será desprezado. O líder prudente, desta forma, deve buscar um terceiro termo, fugindo, ao mesmo tempo, dos aduladores e do inconveniente de ser desprezado pelo fato de que qualquer um possa lhe dizer a verdade. Este terceiro termo consiste em aconselhar-se e cercar-se com pessoas sábias, honestas e capazes. É o mesmo critério da competência na escolha dos ministros. O governante deve dar apenas a elas o direito de lhe dizer a verdade, mas não quando elas querem, e sim quando ele quer a solicita. Se mesmo essas pessoas competentes e confiáveis pudessem dizer a verdade ao governante a qualquer tempo, ele perderia o respeito e o comando.

No momento em que o governante ou o líder for se aconselhar, deve permitir que os conselheiros falem abertamente sobre todas as coisas, que lhes apresentem todas as informações. De posse dessas informações, terá uma visão abrangente dos problemas o que lhe dará mais de uma alternativa para escolher. Informar-se adequadamente das diferentes situações e dispor das várias possibilidades para escolher e decidir constitui a essência do aconselhamento. A partir dessas informações, opiniões e possibilidades, a escolha deve ser sua, do governante. Não será uma decisão ou uma escolha colegiada, compartilhada com seus ministros ou com seus conselheiros. A deliberação cabe exclusivamente ao governante ou ao líder. "Um príncipe, portanto, deve aconselhar-se sempre, mas quando ele quer e não quando os outros querem", arremata Maquiavel.

A disponibilidade de múltiplas alternativas a escolher representa uma possibilidade mais abrangente de exercer o poder. Quando as alternativas a escolher se reduzem, isto significa que o líder ou o Estado têm espaço de poder reduzido. Redução de alternativas significa redução de espaço de manobras e, geralmente, opções ruins. Muitos governantes reduzem seu espaço de poder justamente por não se aconselhar adequadamente reduzindo a disponibilização de alternativas ao seu próprio juízo ou ao juízo limitado de poucos conselheiros ou dos aduladores.

Aqueles que querem aconselhá-lo sem que ele o solicite, devem ser desencorajados recomenda Maquiavel. Mas quando ele solicitar os conselhos, deve perguntar sobre tudo e ouvir com paciência o que os conselheiros lhes dizem, agindo de tal forma para não inibir ninguém para que não lhe digam a verdade.

Maquiavel nota que muitos julgam que um governante adquire fama de prudente devido aos bons conselhos que lhes são dados e não por uma qualidade sua, que lhe é própria. Ele desaconselha que o governante siga essa premissa em benefício de outra: um líder que não é prudente não pode ser bem aconselhado, pois a prudência não nasce dos bons conselhos. Pelo contrário, é o líder prudente que houve bons conselhos. Um líder que não é prudente pode até ouvir bons conselhos, mas a falta de prudência fará com que de nada sirvam.

O governante não pode aconselhar-se apenas com um conselheiro, pois este se tornaria poderosíssimo, se tornaria uma eminência parda e governaria de fato. Também não pode aconselhar-se com mais de um separadamente, pois cada um defenderia seu interesse. Conclui Maquiavel: "assim, se conclui que os bons conselhos, de onde quer que venham, devem nascer da prudência do príncipe e a prudência do príncipe não deve nascer dos bons conselhos".[75]

---

75 MACHIAVELLI, Niccolò. *Tutte le opere storiche, politiche e letterarie*. Roma: Grandi Tascabini Economici Newton, 1998, p. 50.

19.3 Depois da bonança vem a tempestade

Um novo governante (novo príncipe) que assume o governo numa situação de descontinuidade em relação à ordem vigente anterior deve agir, efetivamente, como um novo príncipe, levando a efeito as ações que o caracterizam como artífice de um processo de mudanças. Ao assim agir se sentirá mais seguro no poder e tende a consolidá-lo com mais rapidez e eficácia. Um novo príncipe, segundo Maquiavel, "é muito mais observado em suas ações do que um hereditário e quando elas são reconhecidas como virtuosas ele cativa muito mais os homens e muito mais eles se obrigam com ele do que com aquele de sangue antigo".[76]

Os homens, principalmente em situações de mudança, prestam mais atenção e se prendem mais às coisas do presente do que do passado. Se o governante conseguir encaminhar as mudanças com êxito, promovendo o bem-estar, os cidadãos ficam satisfeitos, passam a aderir e a defender o governante e esquecem o passado. O contrário também é verdadeiro: se o novo governante falhar, se as mudanças não se concretizarem, a adesão popular ao governo poderá se reverter e as pessoas buscarão uma referência no passado para contrapô-la ao governo do presente. Mas se as mudanças e inovações forem implantadas com rapidez e eficiência, beneficiando o povo, o governante será apoiado:

> E assim terá duplicada a sua glória por ter dado início a um novo principado, ornando-o com boas leis, com boas armas e com bons exemplos. Já o antigo príncipe terá a dupla vergonha de, embora ter nascido príncipe, pela pouca prudência, ter perdido o Estado.[77]

---

76 MACHIAVELLI, Niccolò. *Tutte le opere storiche, politiche e letterarie.* Roma: Grandi Tascabini Economici Newton, 1998, p. 50.

77 MACHIAVELLI, Niccolò. *Tutte le opere storiche, politiche e letterarie.* Roma: Grandi Tascabini Economici Newton, 1998, p. 51.

Maquiavel nota que no seu tempo, muitos príncipes italianos perderam seus Estados de forma quase natural. Com base em vários exemplos históricos, como já foi visto, ele afirma que existem duas condições básicas para manter o poder: 1) ter forças militares próprias e, 2) governar bem o povo tendo o seu apoio.

Os príncipes italianos não perderam seus Estados porque a *fortuna* lhes foi adversa, mas por negligência, pois não dispunham das condições básicas para manter-se. Aquele governante que não age como um príncipe novo se acomoda à situação e aos vícios antigos ao assumir o poder. Ao não renovar e não reformar o Estado não produz as mudanças consoantes a uma nova ordem. Ao acomodar-se às condições antigas não age com a coragem, com o vigor e com a *virtù* necessárias à inovação. Caso seja atacado por adversários e inimigos não contará com o benefício do apoio do povo.

Maquiavel afirma que um defeito comum a todos os homens consiste em que durante a bonança eles não se preocupam com a tempestade. O fato é que, mais dia, menos dia, a tempestade virá e aqueles que não foram prudentes e previdentes sentirão o seu efeito devastador. Assim, pensar que alguém virá socorrer um governante caído simplesmente porque ele está caído, é uma péssima solução.

Abandonar as outras soluções pela solução da acomodação ao *status quo* é uma desastrada estratégia, pois "não quererás cair só por acreditar que alguém vai te levantar". Quando alguém cair, governante ou qualquer pessoa, poderá não encontrar ninguém para ajudá-lo a se reerguer. Desta forma, enquanto há tempo, é preciso ser prudente e adotar as providências para não cair. Se alguém erguer um governante caído isto pode valer-lhe pouco, pois ficará na dependência de quem o ajudou. Não se levantou pelas próprias forças: "as defesas somente são boas, são certas, são duráveis quando dependem de ti próprio e da tua *virtù*", conclui Maquiavel.

A questão de fundo é que o conceito de *autonomia política* em Maquiavel precisa ser compreendido num duplo sentido. No sentido da autonomia da atividade política frente a outras atividades e no sentido da autonomia do agir político do líder, do partido ou do Estado. Isto é, todo sujeito de ação política – líder, partido, movimento, exército e Estado – precisa sempre buscar conquistar sua autonomia de escolhas e de ação, visando não depender de outros sujeitos ou entes institucionais dos quais se possa ficar dependente. A autonomia de escolhas e de ações do líder é condição de êxito em seus empreendimentos.

CAPÍTULO XX

OS LÍDERES PRUDENTES E A DEUSA FORTUNA

20.1 O destino e as determinações das coisas do mundo

Dentre os piores inimigos das pessoas em geral e dos governantes em particular estão a indolência, a acomodação, a burocratização, as crenças no destino e na determinação de suas vidas pela vontade de Deus e a falta de coragem, de iniciativa e de atividade. É esta advertência que Maquiavel faz ao escrever sobre a natureza da *fortuna*:

> Não me é desconhecido que muitas pessoas tiveram e têm opinião de que as coisas do mundo são governadas pela *fortuna* ou por Deus, que os homens não podem corrigi-las com prudência, e que não há remédio algum para elas. Por esta razão as pessoas, ao invés de se certificarem de que não poderiam se intrometer muito nas coisas, se deixam governar pela sorte. Esta é uma opinião muito crível em nosso tempo por causa da grande variação das coisas que são vistas e se veem em cada dia, fora do alcance da conjectura humana. Às vezes quando eu penso nessas coisas, fico inclinado a

> acatar essas opiniões. Contudo, para que nosso livre arbítrio não seja anulado, julgo poder ser verdadeiro que a *fortuna* seja árbitra da metade das nossas ações, e que ela nos deixa governar a outra metade ou quase.[78]

A rigor, em todos os tempos a maioria esmagadora das pessoas acredita que não são donas de seus destinos, seja porque há uma determinação insuperável do peso das coisas do mundo pela forma de como estão postas e agem sobre cada indivíduo, seja porque acreditam que suas vidas são determinadas por Deus, pela sorte ou por ambos. O medo de arriscar empreender de forma diferente daquela em que vivem também pesa na acomodação perante as determinações ou o destino que lhes são dados. Por isso, sequer as pessoas arriscam mudar o curso de suas vidas e preferem ficar esmagadas pelo peso das determinações das coisas do mundo; pelo peso das estruturas sociais, econômicas e políticas; pelo peso do temor do risco do fracasso e pelas crenças da imutabilidade do destino e da manifestação da vontade de Deus que as dominam. O peso dessas determinações é tão poderoso que até pessoas que têm um conhecimento de como as coisas do mundo funcionam ficam inclinadas a acreditar na imutabilidade do destino, na sorte e na impossibilidade de mudar o mundo ou até mesmo suas vidas.

Uma das grandes tragédias da humanidade consiste na morte de ideias e projetos criativos, seja porque as pessoas não têm as condições de implementá-los, seja porque se imobilizam na indolência e na falta de coragem. As próprias estruturas políticas, econômicas, sociais e educacionais são postas de tal ordem que bloqueiam a criatividade humana e seu poder inovativo.

Maquiavel quer reequilibrar os pesos entre as determinações das coisas do mundo, do destino, da *fortuna*, de Deus e da indolência

---

78 MACHIAVELLI, Niccolò. *Tutte le opere storiche, politiche e letterarie*. Roma: Grandi Tascabini Economici Newton, 1998, p. 51.

com os pesos da coragem, da *virtù* e do poder criativo e do livre arbítrio das pessoas e dos governos. Ele pensa ser possível bipartir de forma equipotente as determinações impostas pelas estruturas e sistemas de crenças com as capacidades que as pessoas têm de autodeterminarem suas vidas.

20.2 A fúria devastadora da Deusa

No Capítulo XXV de *O Príncipe*, Maquiavel compara a *fortuna* com os rios furiosos, que devastam planícies, removem árvores e destroem edifícios. Com isso ele quer chamar atenção para o valor capital da prudência, tanto na vida política, quanto na vida dos indivíduos. O prudente é também um previdente. O previdente é aquele que vê o futuro e antecipa medidas no presente para que ele aconteça de forma aproximada a uma maneira, a uma projeção, e evite acontecer de outras. Por isso, nos "tempos de quietude", nos tempos de bonança, ele constrói canais, aterros e diques para deter a fúria destrutiva do acaso, do imprevisto, da *fortuna*. Assim, terá condições de evitar o mal maior e tirar vantagens da sua previdência.

Os rios furiosos da *fortuna* sempre atacam com violência os pontos mais fracos, nos momentos em que os imprevidentes e os imprudentes estão mais vulneráveis. Atacam ali "onde não está organizada a *virtù* para resistir-lhe". Os prudentes e previdentes sofrerão menos danos dos ataques e poderão desviá-los ou atenuar os seus efeitos. Os prudentes sempre devem prevenir-se dos ataques das forças previsíveis e imprevistas e, por isto, devem manter-se em alerta, em prontidão estratégica. Aquele que é excessivamente confiante não estará preparado para enfrentar o ímpeto e a violência do ataque.

O excesso de confiança faz com que os governantes apostem mais na sorte do que na atividade. Geralmente são surpreendidos pela mudança dos bons ventos da *fortuna* e, tolhidos pelas tempestades, passam a governar com dificuldade ou perdem o poder.

Em síntese: 1) é preciso ser prudente e previdente, antecipando-se ao advento dos ataques e das mudanças, impedindo seus efeitos danosos com a adoção de medidas preventivas; 2) quando os tempos mudam, é preciso adaptar-se à sua nova natureza, à sua nova qualidade. Aqueles que não mudam com as mudanças e permanecem arraigados aos velhos modos de proceder, tendem à derrota, à ruína e à infelicidade.

Maquiavel manifesta a convicção de que em política, assim como na vida, não há um caminho único para atingir os objetivos, os fins. Um mesmo tipo de conduta pode produzir resultados diferentes – bons e ruins. Isto depende, basicamente, de duas coisas: as circunstâncias da realidade e as competências dos agentes. Agindo com cautela, uns podem atingir seus fins – glória e riquezas – e outros não. O mesmo ocorre com a ousadia, com a impetuosidade e também com a violência e a astúcia, com a paciência e com a pressa etc.

Pode ocorrer que dois líderes, um agindo com cautela e outro com impetuosidade, alcancem os seus objetivos. A regra é que tem êxito aqueles cujo modo de proceder está de acordo com as circunstâncias e o tempo. Se as circunstâncias exigem cautela, é preciso ser cauteloso. Se exigem impetuosidade, é preciso ser impetuoso. Maquiavel acrescenta que isto tudo depende do que seja o bem:

> Disto depende ainda a variação do bem, porque se um governa com cautela e paciência e os tempos estão de acordo, de modo que o seu governo seja bom, ele vive feliz. Mas se o tempo e as coisas mudam, ele se arruína, se não mudar seu modo de proceder.[79]

Uma pessoa comum pode se tornar líder favorecida pelas circunstâncias e pela sorte, aproveitando a oportunidade que se

---

79 MACHIAVELLI, Niccolò. *Tutte le opere storiche, politiche e letterarie.* Roma: Grandi Tascabini Economici Newton, 1998, p. 52.

lhe apresenta. Pode triunfar, mostrando valor e competência. Há ainda a situação em que uma pessoa comum pode tornar-se líder por um golpe de sorte e fracassar no exercício do poder por não saber comandar. Em outras circunstâncias, uma pessoa comum pode se tornar líder, mostrar grandes capacidades e aptidões para o comando, mas fracassa e é derrotada pelos desígnios da *fortuna*. Por último: uma pessoa comum galga os degraus do poder e sem mostrar muita competência e *virtù* se mantém devido a circunstâncias que não lhes são adversas e à boa *fortuna*. Se existe uma diversidade de situações e circunstâncias nas quais a vida e o destino dos líderes estão incursos, isto quer dizer que a situação do líder está em risco permanente e que não há garantias em relação ao futuro.

Resumindo as teses de Maquiavel acerca da maior chance de êxito pode ser arrolado o seguinte: tendem a ter mais êxito aqueles que desenvolvem suas capacidades de comando e de luta no terreno prático; aqueles que estudam a história e seguem os exemplos dos grandes líderes do passado; aqueles que estudam e conhecem as circunstâncias e sabem interpretá-las, percebendo o espírito dos tempos; aqueles que percebem a ocasião propícia e aproveitam a oportunidade que as circunstâncias e a *fortuna* lhes oferecem e aqueles que têm forças próprias que lhes conferem a capacidade para impor-se aos outros e aos desígnios da *fortuna* e criam suas próprias ocasiões.

20.3 A ousadia e os favores da *fortuna*

Tanto a cautela quanto a ousadia podem levar à vitória. Mas Maquiavel não deixa de manifestar uma clara preferência entre os dois modos de agir. Ele elege, sem titubear, a ousadia. Ele acredita na máxima contida na Eneida de Virgílio: *audaces fortuna iuvat*. Indica que os cautelosos são menos flexíveis e, portanto, têm mais dificuldades para se tornarem audazes: “e ainda o homem cauteloso, quando é tempo que exige impetuosidade, se arruína, porque não sabe agir assim, seja porque não consegue mudar a sua natureza ou porque tinha prosperado ao agir com cautela".[80] Em contrapartida, dado o alto grau de determinação das coisas do mundo, e sendo que os problemas das sociedades se acumulam com o tempo, o mundo parece exigir mais a presença de ousados do que cautelosos.

Os cautelosos, sendo mais rígidos em sua estrutura psicológica, no seu espectro de valores e convicções e não conseguindo mudar, não conseguem ser ousados e ficam prisioneiros ao seu modo de agir. Estão mais suscetíveis ao fracasso com a variação dos tempos e das conjunturas. A própria prosperidade material está imbricada com esse jogo dos tempos e das conjunturas: numa situação normal, aquele que age com cautela e paciência vive feliz. Mas se os tempos e a conjuntura mudam exigindo ousadia, aquele que não muda pode arruinar o seu empreendimento.

Se a presença da *fortuna* é uma dimensão inarredável da vida humana e da ação política, a questão que se coloca consiste em saber como dominá-la, como fazer com que a boa *fortuna* acompanhe as ações do líder. É aqui que a máxima *Audaces fortuna iuvat* faz todo o sentido. Eis o que diz Maquiavel:

> Concluo, portanto, que variando a *fortuna* e os tempos e permanecendo os homens obstinados no seu modo de proceder, são felizes quando o modo de proceder e a *fortuna* coincidem, e quando estão em desacordo, são infelizes. Julgando bem tudo isto, afirmo que seja melhor ser impetuoso do que cauteloso porque a *fortuna* é mulher e é necessário, querendo dominá-la, bater-lhe e possuí-la. E se vê que ela se deixa mais facilmente vencer pelos impetuosos do que por aqueles que são frios no procedimento. E sempre, como

80 MACHIAVELLI, Niccolò. *Tutte le opere storiche, politiche e letterarie.* Roma: Grandi Tascabini Economici Newton, 1998, p. 53.

> mulher, é mais amiga dos jovens, porque são menos respeitosos, mais ferozes e com mais audácia a comandam.[81]

Com a devida ressalva aos termos usados por Maquiavel ao referir-se à mulher, o que se deve perscrutar na passagem citada é a razão de os impetuosos levarem vantagem sobre os cautelosos. Normalmente, as situações, as conjunturas e a própria vida social e individual são prisioneiras das estruturas existentes, sejam elas econômicas, políticas e sociais, sejam heranças históricas, hábitos, costumes, religião e cultura. Na medida em que as coisas do mundo, aprisionadas às determinações estruturais e aos sistemas de crenças acarretam problemas que exigem mudanças, essas mudanças precisam de uma ação desmedida para que ocorram, tal o peso esmagador e aprisionador dessas determinações das estruturas e das crenças. Assim, em regra, só a ação impetuosa consegue romper e remover os rochedos dos empecilhos. Só a ação desmedida dos impetuosos consegue inovar, promover mudanças e resolver significativamente os problemas existentes.

A inovação é uma das condições da expansão do poder. A inovação é a capacidade do pôr algo novo, que ainda não estava posto. É a capacidade de mudar as circunstâncias existentes, de criar novas circunstâncias mais favoráveis à inovação. O inovador é aquele que tem a capacidade de transformar o imprevisto em realidade. Ele tenderá a triunfar porque os outros, incluindo seus inimigos, serão pegos de surpresa e não saberão reagir de forma adequada diante da criatividade e da audácia dos inovadores. Inovar é também a forma de dominar a *fortuna*.

A vitória do inovador depende de quatro fatores que podem ou não se combinar: 1) da disponibilidade de forças próprias; 2) da força específica da própria inovação que, pelo seu caráter

---

81 MACHIAVELLI, Niccolò. *Tutte le opere storiche, politiche e letterarie*. Roma: Grandi Tascabini Economici Newton, 1998, p. 53.

surpreendente, é capaz de pôr o novo e fazê-lo triunfar desorganizando e derrotando o *statu quo*; 3) das circunstâncias e ocasião favoráveis à inovação; e 4) dos favores da *fortuna*.

Em situações de crise, a cautela aumenta o risco de que ocorram mudanças descontroladas. Na medida em que os problemas das sociedades se acumulam e que a inação dos governos não os resolve, geram-se situações de anomia, de desordem e de perda de controle. Nessas situações aumentam as atividades geradas pelo acaso, pelo imprevisto, pela *fortuna*, dada a ausência de ação ativa, de prudência, de coragem, de *virtù*. O que está em jogo é se triunfa a ferocidade impetuosa e criadora dos líderes e dos governantes audazes ou se vence a fúria devastadora da *fortuna*. Neste jogo não há meio termo: ou se alcança a glória pela grandeza das mudanças e das inovações ou se perece na mediocridade lodacenta da trágica normalidade onde sucumbem vidas, projetos, desejos, imaginação e esperanças.

De qualquer forma, um líder nunca pode se dar por vencido. Se a *fortuna* ou o insucesso lhes fechar as portas hoje, elas podem ser novamente abertas amanhã, seja pelas qualidades desse líder ou pelo imprevisto e pelo acaso trazidos pela *fortuna*. Mas é preciso estar sempre em alerta para evitar a acomodação e perceber as ocasiões. O fato é que os líderes que triunfam se acomodam ao seu sucesso e ao seu método e tendem a se corromper. As forças inimigas ou adversárias podem aproveitar-se desta situação e provocar-lhe a ruína. De certa forma, o líder precisa, permanentemente, imaginar-se no lugar dos seus inimigos planejando ações que possam enfraquecê-lo e derrotá-lo.

O líder precisa estar sempre atento ao chamado da *fortuna*. A *fortuna* exerce a função de sujeito fautor da história. Na raiz de todas as coisas e das situações particulares de cada pessoa parece estar a *fortuna*. A intervenção dos líderes, em parte, depende da existência de ocasiões que ela oferece para que ele revele e realize o seu valor. São os *momentos maquiavelianos* tratados por John Pocock. Sem esse favor das circunstâncias ou da *fortuna*, de modo geral, nenhum líder é capaz de produzir as condições adequadas para seu valor e suas capacidades florescerem e realizarem obras grandiosas. Para Maquiavel, as pessoas chegam à ruína ou à grandeza devido a essas ocasiões, como se elas fossem "oferecidas pelos Céus".

Nesse sentido, os líderes são como que escolhidos por essa força invisível que é a *fortuna*. Diante dessa escolha cabe a eles perceber o momento crítico, provar sua *virtù* e valor ou resvalar para o seu fracasso, sabendo sempre que em suas ações o acaso, o imprevisto e as contingências estarão presentes para o seu bem ou para o seu mal.

Ser pobre ou rico ou nascer pobre ou rico, em grande medida, é determinação da Deusa. Em que pese esta determinação, que foge à vontade dos homens, o líder (ou qualquer pessoa) não deve se render ao fatalismo. Existe uma margem de manobra, de livre arbítrio, um espaço possível, para que a intervenção dos sujeitos ativos possa mudar o curso das coisas, o curso dos acontecimentos humanos. Este poder não é ilimitado e nem absoluto, evidentemente. Está sempre condicionado pelas circunstâncias, pelas conjunturas, pelas coisas do mundo e pelos acidentes da realidade.

Ser ousado (viril) é uma das condições de possibilidade para obter os bons ofícios da *fortuna*. Buscar novos empreendimentos, imaginar cenários nos campos de batalha, desenvolver estratégias para se proteger e se expandir, projetar ataques contra os seus inimigos, projetar linhas de defesa contra ataques inimigos, enfim, exercer a criatividade imaginativa e estar pronto para praticá-la são exercícios exigíveis a quem pretende liderar e triunfar.

Cada pessoa, cada líder, tem seu destino. O destino é o que se revela através dos fatos e acontecimentos na vida de um indivíduo, grupo ou povo. O destino só se torna conhecido depois do acontecimento histórico ou da morte individual. Desta forma, mesmo que se saiba da imensa força da *fortuna* nos acontecimentos humanos, cada um precisa agir como se seu destino dependesse de sua vontade, de sua força e de valor próprios.

Maquiavel sugere que a *fortuna* escolhe tanto os líderes que estão destinados a triunfar, quanto aqueles que estão destinados a fracassar. Muitas vezes o fracasso pode abrir as portas para o triunfo. É o que ele mostra nos *Discorsi* II,29. Camilo, o general que não havia perdido nenhuma batalha, foi exilado em ***Árdes***. Nesse período, Roma, com exércitos desorganizados, foi tomada pelos gauleses. Muitos romanos fugiram para Veios, onde estava Camilo. Ante o desastre, Camilo foi chamado para comandar os exércitos derrotados. Conseguiu libertar Roma. Ele estava como que fora do jogo. A *fortuna* estendeu-lhe os braços para colocá-lo no comando e para triunfar. Mas ele não teria triunfado se não estivesse pronto para comandar.

EPÍLOGO

O LÍDER COMO NECESSIDADE

Atribui-se a Platão duas afirmações que nunca deveriam ser esquecidas por qualquer líder que almeja mudar a realidade: "a necessidade é a mãe da inovação" e "A punição que os bons sofrem, quando se recusam a agir, é viver sob o governo dos maus". Essas duas afirmações remetem imediatamente para a questão da liderança política. Olhar para os problemas do mundo e das sociedades, e perceber a ocasião que eles oferecem para a atividade inovadora, criativa, são a primeira condição para se tornar líder. É precisamente isto o que Maquiavel mostra nesta passagem no último capítulo de *O Príncipe*:

> E se, como eu disse, era necessário, para ver a *virtù* de Moisés, que o povo de Israel fosse escravo no Egito; e para conhecer a grandeza de ânimo de Ciro, que os persas fossem oprimidos pelos medas; e a excelência de Teseu, que os atenienses fossem dispersos; assim, no presente, para reconhecer a *virtù* de um espírito italiano, era necessário que a Itália se reduzisse nos tempos presentes à condição de mais escrava do que os hebreus, mais serva do que os persas, mais dispersa do que os atenienses, sem chefe, sem

> ordem, batida, espoliada, dilacerada, invadida e tivesse suportado toda sorte de ruína.[82]

O que Maquiavel estabelece aqui como regra geral é que existe uma relação direta entre as condições de grande necessidade de um povo que se encontra oprimido para que surja ou se reconheça um líder de grande *virtù*. Em outros termos, as necessidades e vicissitudes dos povos representam a *ocasião* para o surgimento dos grandes líderes. A compaixão que ele sente em face das aflições e sofrimentos desse povo é o seu ponto de partida. Dificilmente, para não dizer nunca, povos que se encontram oprimidos e sem liberdade conseguem sair desta condição sem líderes virtuosos e competentes.

O líder, por seu turno, precisa perceber a existência da *ocasi*ão, do *momento maquiaveliano*, do momento de grande crise por que passa o povo, e a necessidade da mudança. Do ângulo de visão do líder, a *ocasião* – as condições de opressão do povo – é oferecida pela *fortuna*. O líder a percebe e entra com a sua *virtù* para comandar e ser chefe da libertação, da mudança. Intervém com o seu poder demiúrgico para criar uma nova realidade para aquele povo e só se tornará um herói imemorial se for capaz de criar essa nova realidade.

Mas uma condição necessária não é uma condição suficiente, o sabe Maquiavel. As condições da Itália do seu tempo lhe pareciam estar em pior estado do que aquelas dos hebreus no cativeiro, das dos persas e dos atenienses. Isto, contudo, não era suficiente para o aparecimento de um líder libertador. Aquela situação poderia perdurar por séculos. A perdurabilidade da opressão, da falta de liberdade e da resiliência da miséria se deve à existência de uma trágica normalidade, produzida pela má fundação do Estado. Esta trágica normalidade se repõe, em circunstâncias variadas, no decurso dos tempos. Um Estado mal fundado, no qual não ocorre aquele ato de

---

82 MACHIAVELLI, Niccolò. *Tutte le opere storiche, politiche e letterarie*. Roma: Grandi Tascabini Economici Newton, 1998, p. 53.

terror fundante em que o líder demiúrgico cria o novo e expurga a tirania dos malvados pela violência e garante a validez da lei fundada no princípio da igualdade, tende a gerar um povo sem virtude e líderes que não governam, mas oprimem e espoliam o povo.

Nessas situações históricas de trágica normalidade, se não há o trabalho de um *Centauro Quíron*, é necessário que a própria Deusa Fortuna se encarregue de produzir, por meio de uma casualidade qualquer, o surgimento de um líder fundador ou refundador. Foi o que aconteceu no Egito e na Pérsia. A normalidade indicava que Moisés vivesse na Corte do Faraó, como um grande general, como um grande conselheiro. A normalidade indicava que Ciro vivesse pacificamente sob o poder dos medas, pois tinha sangue real, por ser neto do rei medo Astíages.

Eventos fortuitos fizeram Moisés descobrir-se hebreu e perceber o sofrimento de seus irmãos escravizados, segundo o relato bíblico. E fizeram Ciro perceber a falta de liberdade dos persas e de outros povos vencidos pelos medas ou dominados pelos babilônicos. Assim, foi preciso que a *fortuna*, de alguma forma, gerasse e criasse esses heróis fundadores. Serão as circunstâncias singulares de alguém – as condições de nascimento, de formação, de experiência de vida, das qualidades morais, das habilidades e das sensibilidades – que farão surgir essa singularidade histórica capaz de encarnar a função heroica e demiúrgica de produzir um evento extraordinário, desmedido, novo e de sentido universalizante – a fundação de um novo Estado.

Na Itália do tempo de Maquiavel, Cesar Bórgia, não chegou a ser essa singularidade. Foi apenas um lampejo dela: "e embora tenha surgido algum respiro em um espírito que se chegou a julgar que fosse um enviado por Deus para a sua redenção, depois se viu que no curso superior de suas ações ele foi reprovado pela *fortuna*".[83]

---

83 MACHIAVELLI, Niccolò. *Tutte le opere storiche, politiche e letterarie*. Roma: Grandi Tascabini Economici Newton, 1998, p. 54.

Muitas vezes surge um líder com grande potencial de se tornar um herói libertador ou refundador. Mas ele pode ser tolhido ou porque lhe faltam condições e meios materiais para triunfar ou porque a má *fortuna* o derruba antes de triunfar. César Bórgia estava incurso nestas duas insuficiências: em que pese o valor de suas ações, ele não teve a *virtù* e os meios suficientes para vencer a *fortuna*. Enfim, não tendo conseguido edificar tudo o que a prudência e a *virtù* exigem para o êxito, ele foi abandonado pela *fortuna*.

Maquiavel vê a Itália de seu tempo abandonada, sem vida, invadida e espoliada. A vê pronta para receber um líder que a liberte, que a levante, que se faça cabeça de sua redenção. Daí a citação: "justa é a guerra quando necessária e piedosas são as armas, quando não se vê esperança a não ser nelas". Na verdade, por deferência, Maquiavel se dirige à Casa dos Médici para que de lá surja o libertador da Itália. É difícil ajuizar se, de fato, Maquiavel acreditava nisso. Ele diz ver na Casa dos Médici sinais semelhantes àqueles que Deus proporcionou na libertação do povo hebreu do Egito: o mar se abriu, uma nuvem indicou o caminho, a água brotou de uma pedra e os céus choveram o maná. A grande disposição que haveria na Casa dos Médici faria pequena a dificuldade. Deus teria feito sua parte. Agora caberia ao líder fazer a sua. Talvez Maquiavel tenha percebido, ainda em vida, que a sua esperança era vã.

Por mais valorosos que tenham sido líderes no passado recente de Maquiavel – a exemplo de César Bórgia e Francisco Sforza – nenhum deles conseguiu unificar a Itália. Maquiavel acreditava que o valor militar dos italianos não se havia extinguido, pois tinham ocorrido tantas revoluções e tantas guerras. O que ele via, era que as antigas instituições políticas não eram boas e que ninguém tinha sido capaz de renová-las. Assim, não tinham surgido líderes capazes de criar novas leis e uma nova ordem – grandeza e honra maiores que um estadista poderia alcançar. Esta demanda por grandeza não se tinha visto na Itália, pois a grandeza existe exatamente com instituições bem fundadas. Um novo Estado não surgiu no solo italiano.

Maquiavel via importante valor no povo italiano. Mas, o que faltava, efetivamente, eram líderes. Os italianos eram fortes, inteligentes, possuíam destreza e eram superiores nos duelos, torneios e combates. Mas, nos exércitos, essas qualidades não apareciam. Qual a causa? A debilidade e fraqueza dos chefes. Os exércitos italianos, por longo tempo, se saíam mal nas guerras, pois careciam de grandes generais, de grandes líderes.

Ao apelar para a Casa dos Médici no final de *O Príncipe* e ao manifestar a crença de que se o seu representante lutasse com fé e ânimo, poderia repetir a excelência dos grandes líderes do passado, libertando a Itália, Maquiavel adverte que, para seguir aqueles grandes líderes que redimiram seus Estados e libertaram seus povos, a primeira medida a ser adotada consistia em constituir forças militares próprias:

> é necessário antes de todas as outras coisas, como verdadeiro fundamento de todos os empreendimentos, prover-se de armas próprias, porque não se pode ter mais fiéis, nem mais leais, nem melhores soldados do que as forças próprias.[84]

Além disso, Maquiavel recomendava que o novo líder italiano comandasse pessoalmente os seus soldados. A unidade de bons soldados torna os exércitos ainda melhores.

Prover-se de forças próprias, militares ou políticas, é a condição necessária, o alfa e o ômega, do êxito político. Líderes que não têm forças próprias podem ter êxitos apenas parciais e efêmeros. Não terão autonomia para construir grandes empreendimentos, não conseguem alcançar grandes êxitos e não conquistam a glória imorredoura dos grandes heróis.

---

84 MACHIAVELLI, Niccolò. *Tutte le opere storiche, politiche e letterarie*. Roma: Grandi Tascabini Economici Newton, 1998, p. 55.

Maquiavel foi-se desgostoso desta vida. Olhar racionalmente o mundo não nos permite ser otimistas, a não ser que sejamos cínicos e hipócritas. Mas a fé na energia inovadora dos seres humanos, no seu valor, na sua *virtù*, pode gerar um raio de esperança nas nossas vontades.

REFERÊNCIAS BIBLIOGRÁFICAS

a) Obras de Maquiavel

MACHIAVELLI, Niccolò. *Tutte le opere storiche, politiche e letterarie*. Roma: Grandi Tascabini Economici Newton, 1998.

______. *Comentários sobre a Primeira Década de Tito Lívio*. Brasília: unB, 1982a.

______. *O Príncipe*. Brasília: UnB, 1982b.

______. *O Príncipe*. Rio de Janeiro/São Paulo: Prestígio Editorial, 2002.

______. *O Príncipe*. São Paulo: Editora 34, 2017.

b) Bibliografia consultada

ALIGHIERI, Dante. *A divina comédia*. São Paulo: USP, 1979.

ALTHUSSER, Louis. *Machiavelli e noi*. Roma: Manifestolibri, 1990.

ARENDT, Hannah. *A condição humana*. Rio de Janeiro: Forense-Universitária, 1983.

_______. *Sobre a violência*. Rio de Janeiro: Civilização Brasileira, 2013.

______. *Da revolução*. São Paulo: Ática, 1990.

ARISTÓTELES. *Obras*. Madrid: Aguilar, 1982.

______. *Ética a Nicômaco*. São Paulo: Nova Cultural, 1987.

ARON, Raymond. *Machiavelli e le tirannie moderne*. Roma: Seam, 1998.

BENTES MONTEIRO, Rodrigo; BAGNO, Sandra. *Maquiavel no Brasil*: dos descobrimentos ao século XXI. São Paulo: FGV, Companhia das Letras, FAPRJ, 2015.

BERLIN, Isaiah. "A originalidade de Maquiavel". *In*: MAQUIAVEL. *O Príncipe*. Rio de Janeiro/São Paulo: Prestígio Editorial, 2000.

BÍBLIA A. T. "Êxodo". *Bíblia Sagrada*: velho e o novo testamentos. 2015. Disponível em: https://media.ldscdn.org/pdf/lds-scriptures/holy-bible/holy-bible-83800-por.pdf. Acessado em: 05.04.2022.

BÍBLIA A. T. "Salmos". *Bíblia Sagrada*: Antigo e Novo Testamentos. Trad. Padre Antônio Pereira de Figueiredo. Rio de Janeiro: Edição Ecumênica, 1994.

BÍBLIA A. T. "Provérbios". *Bíblia Sagrada*: velho e o novo testamentos. 2015. Disponível em: https://media.ldscdn.org/pdf/lds-scriptures/holy-bible/holy-bible-83800-por.pdf. Acessado em: 05.04.2022.

BIGNOTTO, N. *Maquiavel republicano*. São Paulo: Loyola, 1991.

BOBBIO, Norberto. *Teoria Geral da Política*. Rio de Janeiro: Campus, 2000.

BURCKHARDT, Jacob. *A cultura do Renascimento na Itália*. São Paulo: Companhia das Letras, 2003.

CASSIRER, Ernst. *O mito do Estado*. São Paulo: Códex, 2003.

CHABOD, Federico. *Scritti su Machiavelli*. Torino: Einaudi, 1993.

CLAUSEWITZ, Carl von. *Da guerra*. São Paulo: Martins Fontes, 2003.

COULANGES, Fustel. *A cidade antiga*. São Paulo: Ediouro, 1998.

CLOULAS, Ivan. *César Bórgia*. Lisboa: Edições 70, 2005.

DE FARIA, Octavio. *Machiavel e o Brasil*. Rio de Janeiro: Civilização Brasileira, 1933.

DE GRAZIA, S. *Maquiavel no Inferno*. São Paulo: Companhia das Letras, 2000.

DOTTI, Ugo. *Machiavelli rivoluzionario*. Roma: Carocci editore, 2003.

ELDAR, Dan. "Glory and the boundaries of public morality in machiavelli's thought". *History of Political Thought*. vol. 3, nº 2, 1986.

FREEMAN, Philip. *Alexandre o Grande*. São Paulo: Amarilys, 2011.

FROSINI, Fabio. *Contingenza e veritá nella política: due studi su Machiavelli*. Roma: Kappa, 2001.

GARIN, Eugenio. *Machiavelli tra politica e storia*. Torino: Einaudi, 1993.

GILBERT, Felix. *Machiavelli e il suo tempo*. Bologna: Il Mulino, 1977.

GRAMSCI, Antonio. *Maquiavel, a política e o Estado moderno*. Trad. de L. M. Gazzaneo. Rio de Janeiro: Civilização Brasileira, 1976.

GUICCIARDINI, Francesco. *Reflexões (Ricordi)*. ed. bilíngue, São Paulo: Hucitec, 1995.

HARIMAN, Robert. *Prudence*. Filadelfia: The Pennsylvania State University, 2003.

HEGEL, G. W. F. *Princípios da filosofia do Direito*. Lisboa: Guimarães Editores, 1986.

HERÔDOTO. *História*. Brasília: UnB, 1985.

HIRSCHMAN, Albert O. *As paixões e os interesses*. Rio de Janeiro: Paz e Terra, 1979.

HOBBES, Thomas. *Leviatã*. São Paulo: Abril Cultural, 1983.

HUME, David. *Ensaios políticos*. São Paulo: Ibrasa, 1963.

HUME, David. *Tratado de la naturaleza humana*. vol. 2. México: Editora Nacional, 1981.

LARIVAILLE, Paul. *La vita quotidiana in Itália ai tempi di Machiavelli*. Milano: Biblioteca Universale Rizzoli, 1989.

LEFORT, Claude. *Le travail de l'oeuvre Machiavel*. Paris: Gallimard, 1986.

LÍVIO, Tito. *História de Roma*. São Paulo: Editora Paumape, 1989.

LUHMANN, Niklas. *Poder*. Brasília: UnB, 1985.

MEINECKE, Friedrich. *L'idea della ragion di stato nella storia moderna*. Firenze: Sansoni Editore, 1977.

MONTESQUIEU. *As causas da grandeza dos romanos e da sua decadência*. São Paulo: Saraiva, 1997.

NORSO, Achille. *Il principio dela forza nel pensiero di Niccolò Machiavelli*. Milano: Editore Ulrico Hoepli, 1936.

PETTIT, Philip. *Il repubblicanesimo*. Milano: Feltrinelli, 1997.

POCOCK, John G. A. *Il momento machiavelliano*. Bologna: Il Mulino, 1980.

______. *The ideal of citizenship since classical times, in theorizing citizenship*. Albany: State University of New York Press, 1995.

POLÍBIO. *História*. Brasília: UnB, 1985.

PREZZOLINI, Giuseppe. *Vita de Nicolò Machiavelli fiorentino*. Verona: Mandadori, 1982.

PRICE, R. "The theme of glory in Machiavelli". *Renaissance Quarterly*, vol. 30, nº 4, 1977.

QUADRI, Goffredo. *Niccolò Machiavelli e la construzione política della coscienza morale*. Firenze: La Nuova Italia, 1947.

RIDOLFI, Roberto. *Biografia de Nicolau Maquiavel*. São Paulo: Musa, 2003.

ROUSSEAU, J. Jacques. *O contrato social*. São Paulo: Escala, 2006.

SASSO, Genaro. *Niccolò Machiavelli*: storia del suo pensiero político. Bologna: Il Mulino, 1980.

SKINNER, Quentin. *Maquiavel*. São Paulo: Brasiliense, 1988.

______. *As fundações do pensamento político moderno*. São Paulo: Companhia das Letras, 1996.

______. *Liberdade antes do liberalismo*. São Paulo: Unesp, 1998.

STRAUSS, Leo; CROPSEY, Joseph (Coord.). *Historia de la filosofía política*. México: Fondo de Cultura Económica, 1992.

TSÉTUNG, Mao. *Selección de escritos militares*. Buenos Aires: Ediciones La Rosa Blindada, 1972.

TUCÍDIDES. *História da Guerra do Peloponeso*. Brasília: Universidade de Brasília, 1987.

VILLARI, Lucio. *Niccolò Machiavelli*. Milano: Edizioni Piemme Pocket, 2003.

VINCIERI, Paolo. *Natura umana e dominio*: Machiavelli, Hobbes, Spinoza. Ravenna: Longo, 2003.

VIRGÍLIO. *Eneida*. São Paulo: Círculo do Livro LTDA, 1994.

VIROLI, Maurizio. *O sorriso de Nicolau*. São Paulo: Estação Liberdade, 2002.

VITALE, Ermanno. *Platone, Aristotele, Machiavelli*. Torino: Giappichelli, 1989.

WEBER, Max. *Ciência e política*: duas vocações. São Paulo: Cultrix, 2013.

NOTAS

NOTAS

NOTAS

NOTAS

NOTAS

NOTAS

NOTAS

NOTAS

NOTAS

NOTAS

NOTAS

A Editora Contracorrente se preocupa com todos os detalhes de suas obras! Aos curiosos, informamos que este livro foi impresso no mês de abril de 2022, em papel Pólen Natural 80g, pela Gráfica Grafilar.